FLÁVIO DOS SANTOS GOMES ✦ LILIA MORITZ SCHWARCZ ✦ SUZANE LOPES

ENCICLOPÉDIA
NEGRA
PARA JOVENS LEITORES

Companhia das Letrinhas

SUMÁRIO

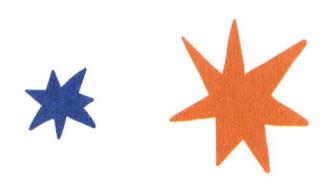

INTRODUÇÃO

Em 2021, publicamos a *Enciclopédia negra*, que reúne mais de quinhentas histórias de vida de personalidades negras, escravizadas, libertas e livres. Também realizamos uma exposição que continua circulando no Brasil e em Portugal, em que convidamos artistas negros e negras para dar imagem e imaginação para histórias que haviam sido sistematicamente apagadas, borradas, silenciadas, esquecidas. Isso porque a nossa historiografia, durante muito tempo, foi feita apenas de narrativas com protagonismos quase que exclusivamente brancos, europeus, masculinos. Por sinal, nessa primeira *Enciclopédia negra*, para adultos, o artista Jaime Lauriano foi nosso coautor, pois selecionou conosco todos e todas as artistas que participaram desse projeto, bem como nos auxiliou na curadoria das exposições e na concepção geral. A ele agradecemos sempre.

E agora chegou a hora de convidarmos vocês para essa nossa grande festa por um Brasil mais amplo, plural e onde caibam todas e todos nós. Incluímos neste livro mais de oitenta personagens negras e negros, de diferentes tempos, regiões e especialidades. Organizados em duplas, esses verbetes apresentam escritoras e escritores, musicistas, artistas, profissionais liberais, ativistas, rebeldes, jornalistas, militares, líderes religiosos, filósofos, cientistas, fotógrafos, entre outros, e os incríveis casos de mulheres africanas e negras nascidas no Brasil que compraram

sua liberdade e a de seus parentes. Cada um e cada uma, à sua maneira, lutaram sempre pelo direito de fazer parte da cidadania e deste país.

O que organiza a formação das duplas é a profissão, o estilo de vida ou a experiência dos protagonistas. Achamos por bem misturar tempos e regiões para mostrar como foram muitos os exemplos, espalhados na história de nosso passado e de nosso presente, de figuras negras que se destacaram em seu cotidiano e fizeram a história do Brasil.

Uma enciclopédia é um projeto sem fim, fadado a ser incompleto. Por isso, convidamos vocês a lerem os verbetes e a escreverem também os seus — novos e diferentes dos que oferecemos por aqui. Só assim deixaremos de localizar as vidas negras apenas no passado da escravidão ou no presente das matérias de jornal que descrevem situações de violência.

Este é, pois, um projeto de vida e de esperança. Que possamos lembrar, e parar de propositadamente esquecer, os legados e as experiências das populações que foram trazidas da África com sua sabedoria e seus conhecimentos, suas religiões e práticas, suas comidas e sabores, sua ourivesaria, suas redes de relações e formas de afeto.

Boa viagem pelo tempo e pelo espaço. Um Brasil mais generoso espera por vocês nas páginas deste livro.

PETRONILHA (SÉC. XVI) e
ROSA EGIPCÍACA (C. 1719-?)

Aqui ou acolá foram criadas novas formas culturais e religiosas que misturavam vivências africanas com aquelas conhecidas no exílio brasileiro. Esses são os casos de Petronilha e de Rosa Egipcíaca.

Em 1591, na capitania da Bahia, Petronilha, africana da Guiné, foi acusada nos Tribunais da Inquisição de esbofetear uma imagem de Nossa Senhora. Acusações ainda maiores recaíam sobre a sua participação na *Santidade de Jaguaripe* (espécie de seita milenarista que contava com escravizados, indígenas e colonos, comandada por uma mulher conhecida como "mãe de Deus"). Surgiriam denúncias de outras santidades semelhantes no Nordeste colonial do século XVI, algumas que chegaram a reunir milhares de seguidores. Petronilha estava no centro desses cultos que ajudavam os mais vulneráveis. Segundo testemunhas, ocorriam cerimônias de batismo com água, confissão de pecados, orações, rosários, nomeação de santos, sendo produzidas conexões culturais entre indígenas e africanos.

Pulando um século e alcançando as Minas Gerais, pesquisas detalhadas feitas nos arquivos da Inquisição também revelam caminhos e descaminhos de

Rosa Egipcíaca, uma africana da Costa da Mina, da nação Courana, que desembarcou no Brasil em 1725, com apenas seis anos de idade. Viveu oito anos no Rio de Janeiro e depois foi vendida para as regiões mineradoras. Entre 1733 e 1748 — quando das suas primeiras manifestações consideradas "diabólicas" e de sua conversão —, Rosa sobreviveu vendendo seu corpo. Com trinta anos, foi acometida de estranha doença que mudaria sua vida: uma "sonolência incontrolável", sentindo dores até desmaiar, inchaço estomacal e perda de sentidos. Por isso, ela acabou alvo de rituais de exorcismo, que apenas acentuaram as evidências de seus poderes sobrenaturais e a predestinação celestial. Quando conseguiu a alforria, Rosa incorporou o nome de santa Maria Egipcíaca.

Acusada de possuir poderes paranormais, Rosa foi presa, enviada para Lisboa e processada pelo Tribunal do Santo Ofício entre os anos de 1763 e 1764. Segundo pesquisas, no processo de acusação foram anexadas mais de cinquenta cartas assinadas pela própria Rosa, que se tornou, assim, uma das primeiras africanas no Brasil a dominar a escrita. Escreveu o livro *Sagrada teologia do amor de Deus, luz brilhante das almas peregrinas*, supostamente queimado pela Inquisição. Ela desapareceu dos registros, podendo ter cumprido pena de prisão perpétua.

ESPERANÇA GARCIA (SÉC. XVIII) e
LAUDELINA DE CAMPOS MELO (1904-1991)

Num mundo de muita opressão, mulheres negras lutaram para fazer valer aquilo que consideravam seus direitos.

Cativa numa fazenda do sertão do Piauí setecentista, Esperança Garcia deixou registrado um dos mais antigos documentos escritos ou ditados por um escravizado. Em uma carta de 6 de setembro de 1770 ao governador do Piauí, revelou suas expectativas com relação ao trabalho e à família. Ela queria ser transferida da fazenda e alegava que já tinha fugido algumas vezes, sendo castigada por isso. Denunciou que seu filho sofria com "grandes trovoadas e pancadas" e que ela própria virara "um colchão de pancadas". Clamou por instrução religiosa, indi-

cando que aguardava sacramentos de confissão e que seus filhos nascidos escravizados esperavam "por batizar". Em uma de suas principais reivindicações de ordem familiar, dizia querer "viver com meu marido e batizar a minha filha". Como se pode notar, ela lutou sempre.

Em 1961, quase duzentos anos depois, Laudelina de Campos Melo criou a Associação Profissional Beneficente das Empregadas Domésticas, transformando-se numa das pioneiras na luta por uma legislação sobre as condições do trabalho doméstico. Nascida em Poços de Caldas, Minas Gerais, em 1904, órfã de pai, Laudelina começou a trabalhar bem jovem, ajudando a cuidar dos cinco irmãos. Depois de conseguir estudar, ao migrar para Santos, se aproximou das associações negras e da mobilização política para organizar mulheres negras. Até meados do século XX, era comum anúncios de empregos em jornais impressos indicarem a preferência por mulheres brancas. Laudelina foi uma das pioneiras em denunciar o preconceito na contratação de trabalhadoras domésticas. Atuando em Campinas, Laudelina se manteve vinculada aos movimentos associativos negros, participando dos debates sobre a condição feminina. Ela faleceu em 1991, aos 86 anos de idade, na mesma cidade. A história de Laudelina está registrada no documentário *Laudelina, suas lutas e conquistas*, lançado em 2015, com apoio do Museu da Cidade e do Museu da Imagem e do Som (MIS).

AQUALTUNE (SÉC. XVII) e ZACIMBA GABA (SÉC. XVIII)

Historiadores nem sempre ressaltaram a presença das mulheres na resistência à escravidão. Mas muitas delas foram rainhas e comandaram inúmeros quilombos e mocambos no Brasil desde o século XVII.

As trajetórias de Aqualtune e Zacimba Gaba trazem evidências de algumas dessas guerreiras. No caso do Quilombo de Palmares — localizado na capitania de Pernambuco —, entre mitos e lendas, já que não há registros nem documentos comprovatórios no século XVII, muito se falou de Dandara. No entanto, mesmo que invisíveis e anônimas, hoje se sabe que outras mulheres atuaram por lá. Nas memórias sobre as expedições realizadas entre 1675 e 1678, foi mencionado o lugar onde ficava a "Cerca de Aqualtune", que seria a mãe do rei e que vivia num "mocambo fortificado".

Essas mulheres foram fundamentais em várias comunidades de fugitivos na América, pois atuavam desde a manutenção material, como o abastecimento de provisões, a confecção de roupas e utensílios etc., até as questões espirituais.

Uma história incrível é a de Nanny, mulher negra escravizada que foi líder quilombola (*maroon*) na Jamaica no século XVIII, igualmente transformada em símbolo de lutas anticoloniais. Isso a despeito de seu nome, que remetia à figura da "mãe negra".

Certamente, muitas mulheres ganharam destaque como líderes e "rainhas" devido ao seu prestígio e ao seu papel militar e social, mas também podiam já ter essa distinção real no continente africano. Esse é o caso da história de Zacimba Gaba, que aparece na memória oral das comunidades negras no norte do Espírito Santo. Bem jovem, ela teria sido trazida como escravizada para essa capitania no início do século XIX.

Zacimba era uma princesa de Cabinda, norte de Angola. Logo, ela adquiriu prestígio entre os escravizados africanos e, assim, constituiu um quilombo nas margens do Riacho Doce, em Conceição da Barra. Misturando muitas lendas, o nome de Zacimba ganhou força tanto na chefia quilombola quanto na liderança de ataques às fazendas da região e aos navios que circulavam pelos rios Cricaré e Mucuri.

ELYSEU ELIAS CÉSAR (1871-1923) e ILDEFONSO JUVENAL DA SILVA (1894-1965)

A luta contra o racismo contou com vários intelectuais e ativistas, atravessando o Brasil de norte a sul, do período da escravidão ao do pós-abolição. Assim foram as vidas de Elyseu Elias e Ildefonso Juvenal.

Nascido na Paraíba, em 1871, o advogado Elyseu Elias César fez muita política. Estudou no importante Liceu Paraibano e atuou como jornalista, publicando poemas nos periódicos *Sorriso* (1886-1887), *Arauto Parahybano* (1888), *O Cysne* (1889), *O Estado* (1889-1890), *O Parahybano* (1892), *O Artista* (1895) e *O Estado do Parahyba* (1891-1894).

Ainda jovem, Elyseu viu de perto a campanha abolicionista e a propaganda republicana. Em 1895, ingressou na Faculdade de Direito em Recife. Ganhou, então, a vida atuando em cidades como Belém, Vitória, Santos e depois São Paulo. Ocupou os cargos de promotor público, funcionário da Intendência Municipal de Belém, tendo sido eleito deputado estadual em 1909. Viajando por várias cidades, conheceu as dificuldades de uma sociedade brasileira que acabava de sair da escravidão e que estava profundamente marcada pelo racismo. Foi um importante orador, transformando-se em ativista antirracista, e adquiriu projeção por sua participação na Federação dos Homens de Cor (FHC), no Rio de Janeiro. Na então capital federal, colaborou com vários periódicos, como *Sete Horas*, *A Crítica* e *A Carioca*, sendo um dos fundadores da revista *A Faladora*.

Em diferentes regiões do país, outros pensadores negros também atuaram em diversos espaços na luta contra as desigualdades raciais.

Ildefonso Juvenal da Silva foi jornalista, escritor e teatrólogo. Nascido em 1894 na cidade de Desterro, atual Florianópolis, ele foi um dos principais filhos do pós-abolição catarinense. Interessado pelas letras, começou bem jovem a escrever em jornais. Em 1920, com vários colegas, fundou o Centro Cívico e Recreativo José Boiteux, com o objetivo de possibilitar a instrução e apoiar a difusão da literatura junto às populações negras. Um dos homenageados dessa instituição foi o poeta negro Cruz e Sousa (1861-1898). Em oposição à Academia Catarinense de Letras, que sistematicamente excluía os intelectuais negros e negras de seus quadros, fundou o Centro Catarinense de Letras, em 1925, junto com Antonieta de Barros (1901-1952) e outros companheiros.

Ildefonso se formou em farmácia, no ano de 1924, pela Escola Politécnica. Seguiu carreira militar como farmacêutico na Força Pública até se aposentar em 1946. Ali, desenvolveu uma série de iniciativas, como a alfabetização em blocos recreativos e também para praças e soldados. Ildefonso ajudou na fundação de associações e na criação de periódicos, como a revista *Folha Rosea* (1915) e o jornal *XXIX de Maio*, cujo único número foi vendido no ano de 1920. Além de escrever diversos textos para a imprensa catarinense, Ildefonso publicou os seguintes livros: *Contos singelos* (1914), *Páginas simples* (1916), *Painéis* (1918), *Relevos* (1919) e outros. Ildefonso faleceu em 1965.

NÃ AGOTIMÉ/MARIA JESUÍNA (SÉC. XIX) e MARCELINA OBATOSSI (?-1885)

No Brasil, experiências religiosas orientadas por diferentes tradições ancestrais africanas possibilitaram a reorganização de cultos e rituais. Trajetórias como as de Nã Agotimé e Marcelina Obatossi, nas cidades de São Luís e Salvador, revelam faces dessas conexões atlânticas negras.

Consta que a africana Nã Agotimé, da família real de Abomey, esposa do rei Agonglô, do antigo reino de Daomé (atual Benim), foi enviada para as Américas e viveu no Brasil. Sua escravização e venda teriam sido uma retaliação política ao rei Guezo, seu filho — que assumiu o trono em 1818, após um golpe de Estado que derrubou seu meio-irmão Adandozan. Mais tarde, Guezo enviou expedições para localizar a mãe em várias partes do Brasil e de Cuba. Segundo a tradição oral, Nã Agotimé foi levada para São Luís, Maranhão, em 1810, onde foi batizada com o nome de Maria Jesuína. Foi uma das fundadoras da Casa das Minas (Querebentã de Tói Zomadônu), criada por volta de 1820 e que funciona até hoje na Rua São Pantaleão. Esse centro tornou-se um importante espaço religioso, articulado aos africanos ocidentais jeje, com o culto dos voduns, hospedando várias divindades africanas e nascidas no Brasil. A Casa das Minas manteve uma tradição secular sob a organização de mulheres, ganhando destaque no século XX, com a liderança de Mãe Andresa.

No que se refere às tradições do candomblé na Bahia, encontramos a história da africana nagô Marcelina Obatossi, ligada à fundação do Ilê Axé Iyá Nassô Oká, conhecido como candomblé Casa Branca do Engenho Velho, um dos mais antigos do país. As narrativas sobre a fundação desse Axé se intercruzam com a trajetória de Marcelina da Silva (Obatossi), que chegou ao Brasil por volta de 1820 e conquistou sua alforria em 1836. Segundo a tradição oral, a ialorixá e fundadora Iyá Nassô viajou para a África junto com Marcelina, que seria sua sucessora. O nome Iyá Nassô estaria associado a um título da corte do Alafin de Oyó e ao culto de Xangô, na Nigéria. No continente africano, Marcelina permaneceu na cidade de Ketu, e, posteriormente, retornou para a Bahia, onde assumiu a liderança do Engenho Velho. Seguindo o padrão de outros africanos libertos, a partir de 1850, ela começou a investir em imóveis e, com o lucro que obteve, comprou a liberdade de familiares e pessoas de sua rede de sociabilidade. Marcelina faleceu em 1885 e há registros de que em seu funeral o povo realizou muitas festas e rituais.

GREGÓRIO LUÍS (SÉC. XVIII) e
QUINTILIANO AVELLAR (SÉC. XIX)

As lutas pela liberdade aparecem registradas em escritos dos próprios escravizados e libertos. Embora a alfabetização para a população negra fosse rara, existem exemplos de como textos escritos fizeram valer direitos conquistados no cotidiano e mesmo na legislação. As histórias de Gregório Luís e Quintiliano Avellar são provas disso.

Nascido na capitania da Bahia e descendente de escravizados que trabalharam em fazendas de jesuítas em Ilhéus, Gregório ficou conhecido por liderar um protesto em 1789. Talvez tenha sido ele a escrever ou ditar o mais famoso escrito coletivo, supostamente redigido por escravizados no Brasil. O *Tratado do engenho de Santana* tinha como objetivo reivindicar melhores condições de trabalho. Endereçado ao administrador da fazenda, no texto afirmavam: "Nós queremos paz e não queremos guerra", mas advertiam: "Se meu senhor também quiser nossa paz há de ser nessa conformidade, se quiser estar pelo que nós quisermos".

Estabelecendo condições de acesso a suas roças, de aquisição de ferramentas, de divisão de trabalho entre homens, crianças e mulheres e até para realização

de seus folguedos e batuques, esses escravizados — descendentes das gerações mais antigas — tentaram preservar e alargar espaços de autonomia conquistados. Com conhecimento dos códigos escritos daquela sociedade e algum letramento, eles colocavam no papel aquilo que achavam justo e de direito. Mas sofreram imediata repressão, pois não foram atendidos. E o pior: Gregório Luís acabou preso e, até 1806, ainda aguardava julgamento.

Cem anos depois e a quilômetros de distância, encontramos Quintiliano Avellar. Descendente das gerações de africanos escravizados que povoavam o mar de colinas do Vale do Paraíba cafeeiro, Quintiliano seria o primeiro a subscrever uma carta coletiva, da Comissão de Libertos de Paty do Alferes, remetida a Rui Barbosa, importante jornalista republicano, conhecido como "verdadeiro defensor do povo", em abril de 1889. Quase chegando ao primeiro aniversário da abolição e diante dos conflitos políticos que emergiam nos debates acirrados entre monarquistas e republicanos, tal carta significava um pedido de ajuda para que os direitos que a população negra tinha desde a Lei do Ventre Livre fossem reconhecidos pela opinião pública e pelos jornais. A Comissão reclamava também da falta de instrução e demandava recursos para a educação de ex-escravizados, principalmente crianças. Os autores da carta lembravam que a legislação do Fundo de Emancipação já previa tal medida, que porém não era cumprida. Usavam, assim, a escrita para reivindicar aquilo que estava na lei desde 1871: o direito à educação.

CHICO REI (SÉC. XVIII) e MAHITICA (SÉC. XIX)

Alguns africanos que chegaram ao Brasil como escravizados se transformaram em verdadeiros personagens transatlânticos, registrados em mitos, memórias e lendas, como Chico Rei e Mahitica.

Entre os milhares de africanos que alcançaram Vila Rica, São João del-Rei, Sabará, Mariana, Ouro Preto e outras partes de Minas Gerais no século XVIII, encontramos Francisco Congo, pertencente à família real do Reino do Congo, mas

embarcado como escravizado. No Brasil, reconhecido por sua distinção e realeza, ganhou poder e prestígio nas áreas de mineração. Com fama de excelente minerador, conseguiu recursos para comprar tanto a sua alforria como a de vários outros africanos. Conta a lenda que Chico Rei, estrategicamente, convenceu outros escravizados a depositar periodicamente na pia batismal o ouro que escondiam entre os cabelos. Assim, ao lavarem a cabeça para o batismo, deixavam ali o ouro recolhido clandestinamente, que servia como donativo para as irmandades libertarem cada vez mais cativos. Chico Rei também mandou construir capelas, como a do Rosário, onde colocou a imagem de Santa Efigênia e organizou festas mágico-religiosas, especialmente as Congadas nas festividades anuais da Nossa Senhora do Rosário. Virou mito, personagem e rei em terras brasileiras.

Já o africano Mahitica teria vindo como escravizado para o Rio de Janeiro em 1829. Trabalhando como *bomba*, espécie de intérprete nos navios que transportavam escravizados, ele acabou acusado de roubos, fraudes e assassinatos por traficantes brasileiros que ancoravam no porto de Cabinda. Foi então escravizado e, no Brasil, vendido para José Bernardino de Sá, conhecido comerciante do Valongo. Anos depois, em 1831, o intendente de polícia da Corte recebeu a informação de que um africano chamado Domingos reclamava sua liberdade, se dizendo filho do rei de Cabinda, e que teria sido vendido e escravizado por vingança.

Interessante é que nas memórias africanas publicadas em 1934 por Domingos José Franque (Boma-Zanei-N'Vimba) aparecem narrativas sobre a história de um Mahitica que tinha sido enviado ao Brasil para resgatar o filho do rei que fora sequestrado.

PACÍFICO LICUTAN (SÉC. XIX) e
MINERVINO DE OLIVEIRA (1891-?)

A política pode ser feita na paz e na guerra. Se muitos africanos resistiram à opressão escravista planejando rebeliões, na pós-emancipação, lideranças negras se envolveram na política disputando eleições.

Pacífico Licutan foi o maior líder político da insurreição dos Malês, que aconteceu em 25 de janeiro de 1835, em Salvador, Bahia. Africanos ocidentais — cativos e libertos —, a maior parte muçulmanos, invadiram a prisão da Câmara Municipal de Salvador para libertar Pacífico Licutan. Focos do levante se espalharam por essa cidade negra de Salvador, pois ela era absolutamente dominada por populações escravizadas ou libertas, desencadeando severa repressão. Foram contabilizados setenta rebeldes mortos. Pouco mais de três meses depois, quatro deles foram fuzilados, outros tantos foram presos e dezenas foram condenados a açoites, além dos deportados. Pacífico Licutan recebeu mil chibatadas.

No século XX não havia mais escravidão mercantil, mas a opressão contra os trabalhadores continuava, com jornadas extenuantes e falta de garantias. Resistindo aos projetos de poder que se aliavam às candidaturas conservadoras e elitistas destaca-se a figura de Minervino de Oliveira. Militante do partido comunista e líder trabalhador, ele atuou em vários sindicatos e escreveu na imprensa operária, com destaque para o jornal *A Classe Operária*, órgão de imprensa partidário oficial.

No fim da década de 1920, o Bloco Operário e Camponês (BOC) iniciou vários debates visando lançar candidaturas da classe para disputar a presidência da República. Minervino foi o nome escolhido com o slogan "Votar no Bloco Operário e Camponês é votar pela Revolução!". A campanha eleitoral de 1930 — para a sucessão presidencial de Washington Luís (1869-1957) — ficou marcada por repressões e fraudes. Minervino, que se apresentava sempre como um operário negro e comunista, é reconhecido como a primeira pessoa negra a se candidatar à presidência da República. Nos anos seguintes, ele passou por vários episódios de perseguição política e tentativas de silenciamento: Minervino quase sumiu da memória nacional, mas agora volta a ocupar seu lugar na história brasileira.

JOSÉ EZELINO DA COSTA (1889-1952) e
ZÓZIMO BULBUL (1937-2013)

Inventar paisagens, entre fotos, vídeos e imagens, também foi uma estratégia não só de denúncia como de transformação do mundo em relação a injustiças e desigualdades. Em momentos diferentes, José Ezelino da Costa e Zózimo Bulbul usaram as lentes da arte para enxergar formas culturais negras.

Nascido no sertão do Rio Grande do Norte, em 1889, José Ezelino da Costa foi um dos primeiros fotógrafos negros do Brasil. Filho de Bertuleza Maria da Conceição, uma mulher liberta, e criado juntamente pela tia Bartuleza e mais sete irmãos, Ezelino viveu nas primeiras décadas do pós-abolição. Em um ambiente predominantemente feminino, com muitas irmãs e sobrinhas, aprendeu a costurar e a bordar. Gostava muito de música e de pintura, e logo descobriu a fotografia através de um vizinho de sua família. Com uma câmera fotográfica e desenvolvendo técnicas próprias, ele viajou por várias partes do sertão nordestino — Pernambuco, Paraíba e Rio Grande do Norte —, produzindo retratos nos estú-

dios que improvisava, especialmente álbuns de família, dando destaque às pessoas negras dos sertões do Nordeste.

Zózimo Bulbul foi tão pioneiro como Ezelino, mas sua profissão envolvia a sétima arte. Nascido em 1937, no Rio de Janeiro, seu nome de batismo era Jorge da Silva. Ele desenvolveu uma longa carreira como ator e diretor, ganhando força no cinema nas décadas de 1960 e 1970. Estreou, em 1962, com *Cinco vezes favela*, um dos marcos do Cinema Novo, e, em seguida, atuou em *Ganga Zumba* (1963). Seguiu uma trajetória de mais de trinta filmes, além de novelas e minisséries na TV Excelsior, na Rede Manchete e na TV Globo. Diretor de cinema desde 1973, se destacou na produção do documentário *Abolição* (1988). Em 2007, fundou o Centro AfroCarioca de Cinema, onde desenvolveu cursos, oficinas, mostras e palestras voltados para uma arte cinematográfica produzida por afrodescendentes. Criador de um vasto registro fílmico, Zózimo faleceu em 24 de janeiro de 2013.

Cada um em seu tempo, Ezelino e Bulbul deixaram uma imensa memória negra e tiveram papel pioneiro nos universos audiovisuais, nos quais a população negra sempre foi muito invisibilizada, ao menos nas posições de liderança e protagonismo.

INÁCIO DA CATINGUEIRA (1845-*C*. 1878) e ITAMAR ASSUMPÇÃO (1949-2003)

Desde o período colonial, a música de raiz africana e negra sempre teve papel fundamental em nosso país. Separados no tempo e na geografia, Inácio da Catingueira e Itamar Assumpção encontram-se, porém, no espaço da música.

Personagem do Brasil escravista, Inácio da Catingueira pode ser considerado um avô do rap. Ele nasceu em 1845, em Marrecas, povoado da Catingueira, na Paraíba, e aparece na tradição da literatura de cordel como um destacado repentista. Nascido escravizado, talvez filho de pais africanos, sua fama avançou no sertão, em meio à pecuária. Considerado herói sertanejo, marcou presença como repentista em relatos sobre disputas imortalizadas no imaginário local. Reza a lenda que teria conseguido a própria alforria depois de vencer — entre versos e rimas improvisados — uma peleja de repentistas em Patos, na Paraíba, que durou oito dias. Inácio morreu, entre os anos 1878 e 1879, cantando a liberdade.

Durante a história, a presença negra também foi forte em outros gêneros culturais. Um bom exemplo é o do poeta, cantor, compositor e músico Itamar Assumpção. Nascido em São Paulo, em 1949, Itamar conheceu na infância um ambiente musical, tomado por bandas de música e batuques. Na juventude atuou em peças de teatro e espetáculos, participando de festivais musicais. Logo se misturou à cena artística, recebendo prêmios e estabelecendo contatos com músicos e artistas que formariam a vanguarda paulistana. Ao lado de Arrigo Barnabé e outros músicos de seu círculo, venceu importantes festivais nas décadas de 1970 e 1980. Com o tempo, ampliou sua atuação, produzindo e difundindo o que era então conhecido como "música independente". Itamar realizou, então, espetáculos teatrais e produziu seus primeiros discos, como *Beleléu, Leléu e eu* (1980), com a banda Isca de Polícia, *Às próprias custas S/A* (ao vivo, 1983) e *Sampa Midnight: Isso não vai ficar assim* (1986). Na década de 1990, lançou a trilogia *Bicho de sete cabeças*, acompanhado pela banda Orquídeas do Brasil, formada só por mulheres, e que incluía a participação de Tom Zé (1936-) e Rita Lee (1947--2023). As obras de Itamar se transformariam em referência para a chamada Vanguarda Paulistana, movimento cultural dos anos 1970 e 1980, em que se destacaram as produções independentes do músico, todas de cunho mais experimental. Itamar foi considerado um líder da contracultura da sua geração, um artista que questionava os sistemas consagrados da indústria cultural. Foi também um ícone da negritude e da crítica do mercado musical. Itamar faleceu em 12 de junho de 2003, tão jovem como a música que fez.

MANOEL PEDRO CARDOSO VIEIRA (1848-1880) e PRETEXTATO DOS PASSOS E SILVA (?-1886)

A liberdade durante e após a escravidão mercantil passava também pela educação, tantas vezes negada para as pessoas negras brasileiras. Conseguir acessar a escola e se manter nela, para muitos, era um desafio, um verdadeiro ato de heroísmo, como, séculos atrás, eram a fuga, a formação de quilombos e a participação em rebeliões. Tanto Manoel Pedro Cardoso Vieira como Pretextato dos Passos e Silva fazem parte desta mesma luta por direitos.

Nascido livre em 1848 e, provavelmente, neto de libertos, Manoel Pedro Cardoso Vieira foi um advogado, jornalista e político paraibano. Estudou no Liceu Provincial da Paraíba do Norte e na Faculdade de Direito de Recife. Em 1872, já era professor concursado, passando a lecionar no Liceu da Paraíba. Fez parte das elites paraibanas oitocentistas e, nas décadas de 1870 e 1880, ingressou na carreira política, sendo eleito deputado provincial. Atuando no Partido Liberal, Vieira

participou do grupo de parlamentares que defendia o fim imediato da escravidão. O professor e deputado morreu aos 32 anos, muito precocemente, mas foi reconhecido na história local com nome de rua nas cidades de João Pessoa e Campina Grande. Sua luta não foi em vão e hoje ele faz parte da narrativa nacional.

Quase na mesma época, um professor movimentava a sociedade no Rio de Janeiro: Pretextato dos Passos e Silva. Num mundo cercado de escravidão, seu ideal somava-se ao de vários homens e mulheres negros letrados — livres ou libertos — que viveram em áreas urbanas no Brasil. Entre 1853 e 1873, ele instalou em sua casa, na Rua da Alfândega, a escola de seus sonhos, contando com o apoio de várias famílias negras que queriam que seus filhos tivessem acesso à educação formal.

A atitude de Pretextato era uma resposta política visando à inclusão diante da exclusão da população negra das iniciativas escolares. Suas ações contaram com o apoio de abolicionistas, mas ele mesmo não conseguiu viver num Brasil livre da escravidão, tendo morrido em 1886.

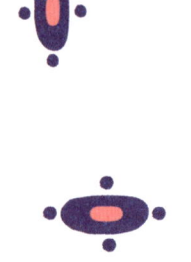

ANASTÁCIA (SÉCS. XVIII-XIX) e
AMÉLIA ROSA (SÉC. XIX)

Milagres, feitiços, curas, santidades, bruxarias, bênçãos e pajelanças andaram juntos e misturados na vida de mulheres negras como Anastácia e Amélia Rosa, que viveram num Brasil escravista. Mesmo distantes geograficamente, ambas estiveram próximas na devoção negra.

Há quem diga que Anastácia foi a primeira santa popular do Brasil. Com muitos devotos em todo o país e chamada de "escrava Anastácia", ela é cultuada pela Igreja da Irmandade Nossa Senhora do Rosário dos Homens Pretos, no Rio de Janeiro. Mas há poucos registros sobre a vida de Anastácia, uma personagem que transita entre o real e o imaginário. Há versões de que teria sido uma princesa africana, escravizada na África Central e trazida para o Brasil. Em território brasileiro, teria vivido na Bahia, em Minas Gerais e no Rio de Janeiro. Outras versões afirmam que a mãe dela, Delminda, originária do Congo, tão logo desembarcou no Brasil teria engravidado após ser violentada por um homem branco.

Mesmo com poucas evidências de sua existência, a história mágica de Anastácia foi ganhando força e afeto, atraindo milhares de devotos, ainda mais numa cidade negra como era o Rio de Janeiro. Consta que a veneração em torno dela tem uma história longa, que vai desde os últimos anos do século XVIII até a primeira década de 1960. Seu culto iniciou-se em 1968, quando, numa exposição em homenagem aos oitenta anos da abolição, foi apresentada uma gravura do artista francês Jacques-Arago, que teria supostamente retratado Anastácia com a boca tampada por uma máscara

de flandres — utilizada nos escravizados para castigos ou a fim de evitar que eles comessem terra e acabassem com a própria vida. Logo imagem e culto se colaram à representação de "Santa Escrava Anastácia", padroeira dos negros.

Amélia Rosa, nascida em Alcântara (MA), ganhou fama na São Luís do século XIX. Apelidada de "Rainha da Pajelança", ela foi acusada de feitiçaria e de realizar práticas africanas e indígenas. Os jornais maranhenses denunciavam que "em dias especiais reuniam-se diversas pessoas para consultar as profecias" da curandeira Amélia, que era devota de Nossa Senhora, realizava rituais de cura e se dizia possuída pela "rainha de Taba".

Muito conhecida em sua época e chamada de "mulher-pajé", além de tratar enfermidades, Amélia fazia adivinhações, atraindo um expressivo número de pessoas da população negra urbana. Em 1876, uma grande operação policial surpreendeu mulheres que "dançavam seminuas polvilhadas de cinzas". No local também foi encontrado material para uso religioso, como pimenta, alfazema, canudos pintados, tigelas, aguardente e "diversos rosários de contas brancas e pretas". Amélia foi denunciada por feitiçaria e acusada de envenenamento por ter aplicado "beberagens amargas e repugnantes" num tratamento terapêutico que visava "tirar o demônio" do corpo de outras mulheres. Essa era uma definição de quem não entendia a verdadeira capacidade curativa de Amélia.

TEODORA DIAS DA CUNHA (SÉC. XIX) e
MANUEL DO SACRAMENTO (SÉC. XIX)

Numa sociedade escravista, onde quase toda a população negra era condenada ao analfabetismo, saber ler e escrever podia parecer quase uma magia. É nessa trilha que seguimos os rastros e ensinamentos de Teodora da Cunha e Manuel do Sacramento.

Teodora Dias da Cunha, filha de africanos provenientes do Congo, viveu parte de sua vida na zona rural paulista, entre Limeira e Campinas, em meados do século XIX. Mais tarde, afastada à força do marido e do filho, foi vendida e levada para São Paulo, onde passou a trabalhar no centro da cidade, buscando água nos chafarizes e comprando mercadorias nos armazéns. Foi então que conheceu o escravizado Claro Antonio dos Santos, que era pedreiro, nascido no Paraná, trabalhava também pelas ruas paulistanas e sabia ler e escrever: fato que importava muito para Teodora nessa circunstância. Assim, Teodora aproximou-se de Claro, interessada em que ele escrevesse cartas para o marido e o filho dela.

Anos depois, presa sob acusação de roubo — que na realidade havia sido praticado por Claro e um parceiro de nome Pedro —, Teodora foi interrogada pela polícia e revelou o motivo de sua aproximação do escravizado e o conteúdo das cartas que narrou para ele. Escritos por Claro e certamente ditados por Teodora, os textos — utilizados como provas da participação dela no roubo — são provas não só do vocabulário de época, mas também da imaginação daqueles que queriam sair da escravidão e conquistar a liberdade. Teodora tentava reencontrar seus familiares e estabelecer contatos. Esses documentos revelavam memórias da escravidão e do continente africano, mas também falavam em projetos de liberdade, pois Teodora sonhava com a alforria e almejava retornar à África.

A história de Manuel do Sacramento, escravizado nascido no Brasil, é um pouco diferente: ele não escreveu cartas, mas sabia ler. Por isso, foi considerado pelas autoridades "muito perigoso". Em 1877, ele apareceu nas investigações por causa de uma suposta tentativa frustrada de revolta no município de Campos dos Goytacazes, no Rio de Janeiro. Na fazenda do Queimado, pertencente ao comendador Julião Ribeiro de Castro, existiam denúncias de que os escravizados estavam planejando uma insurreição. Houve imediata repressão policial. Após investigações, descobriu-se que Manuel do Sacramento, que tinha aprendido "particularmente a ler e escrever", estava influenciando a insubordinação na fazenda, pois "vinha de noite à cidade comprar o periódico *Monitor Campista* e outras folhas incendiárias que se publicam nesta Cidade" e "as lia e as explicava a seus companheiros, que facilmente compreenderam que tinham direito à sua liberdade e resistirem a seus senhores".

Manuel do Sacramento não só acompanhava as notícias de jornal, mas também fazia uma avaliação política delas, pois discutia com os demais companheiros reunidos na senzala sobre o Fundo de Emancipação. Os cativos da fazenda do Queimado estavam inquietos, "despeitados pelo fato das liberdades pelo Fundo de Emancipação" não ocorrerem, e, não confiando no sorteio, que garantia a chance de liberdade para um deles, "resolveram praticar aquele ato de insurreição". Afinal, estavam desgostosos com os fazendeiros da região e reclamavam seus "direitos". O certo é que em Campos dos Goytacazes, no ano de 1877, alguns poucos cativos alfabetizados liam jornais sobre os principais debates políticos que lhes poderiam interessar e espalhavam as notícias, mantendo os escravizados bem-informados.

Na trajetória de Teodora e Manuel, a possibilidade de letramento podia ser um meio para o acesso à liberdade e à cultura política, que conectava debates e percepções das senzalas com as ideias produzidas no exterior, mas também nacionalmente, no parlamento, nos gabinetes e entre jornalistas.

MAHOMMAH BAQUAQUA (SÉC. XIX) e RUFINO JOSÉ MARIA (SÉCS. XVIII-XIX)

Relatos de vida de alguns africanos trazidos como escravizados ao Brasil se espalharam pelo mundo. Ganham destaque aqui Baquaqua e Rufino. Eles cruzaram o Atlântico algumas vezes, adquiriram nova condição, tornaram-se homens livres e deixaram seus feitos para a posteridade.

Baquaqua foi um dos africanos que ficaram mais famosos depois de sua passagem como escravizado pelas Américas e pelo Brasil. São dele os registros mais detalhados sobre a experiência da travessia oceânica, a chegada a um porto atlântico e a vida sob a condição de escravizado. Como homem liberto, escreveu um livro de memórias numa perspectiva abolicionista, descrevendo os horrores desse regime de trabalhos forçados e relatando suas passagens por Brasil, Haiti, Inglaterra e Estados Unidos.

Mahommah Gardo Baquaqua foi o nome islamizado que assumiu. Ao que se sabe, ele teria pertencido a uma família africana proeminente da região de Zoogoo (atual Benim), na África Ocidental. Tendo sido lá escravizado, foi trazido

para o Brasil na década de 1840 — já no período do tráfico ilegal. Em seu livro, ele narrou como se deu sua escravização e todas as dimensões materiais e simbólicas desse processo. Descreveu ainda aspectos do litoral africano, no contexto de seu pré-embarque, e o interior da embarcação. Chegando ao Brasil — mais exatamente a Recife, na capitania de Pernambuco —, Baquaqua trabalhou numa área urbana, pois foi cativo de um padeiro, morador de Olinda. Anos depois, ele foi vendido para um capitão de navio, passando, por isso, a atuar como escravizado em embarcações que faziam carregamento de charque no Rio Grande do Sul. Em seguida, Baquaqua foi para o Rio de Janeiro e depois fugiu para Nova York em 1847. Foi capturado e posteriormente resgatado por abolicionistas. Em 1848, retornou a Nova York e depois seguiu para o Canadá. Após alguns anos, viajou para a Inglaterra; depois, tentou ser missionário no continente africano, já que tinha se convertido ao cristianismo. Em 1854, enquanto residia no Canadá, publicou seu relato biográfico com a ajuda do abolicionista norte-americano Samuel Moore. Inserido na literatura de cunho antiescravista da época, seu livro foi um imenso sucesso.

Outro personagem transatlântico foi Rufino José Maria, muçulmano ioruba cujo real nome era Abuncare, que nasceu no reino de Oyó, atual Nigéria, na virada do século XIX. Provavelmente, Abuncare chegou à cidade de Salvador no ano de 1822, quando se transformaria em Rufino, nome cristão que recebeu no batismo.

Em 1831, ele foi vendido para Francisco Gomes, um cadete do Exército, e depois revendido para um comerciante de Porto Alegre, José Pereira Jardim, que faliu nos seus negócios; por último, Rufino foi arrematado por José Maria de Salles Gameiro de Mendonça Peçanha, um magistrado que se tornaria, com o tempo, chefe de polícia.

Em fins de 1835, Rufino comprou sua liberdade e migrou para o Rio de Janeiro. No entanto, assustado com a repressão antiafricana, Rufino, que a essa altura já era liberto, passou a trabalhar como cozinheiro em embarcações que se dedicavam, desde 1831, ao comércio ilegal, especialmente trazendo africanos para o Sudeste escravista. Os cozinheiros dos navios tinham um papel importante no controle da água utilizada e, em especial, na preparação diária de alimentos, como arroz, inhame, farinha etc. Essas ações eram fundamentais para manter as condições ideais de sobrevivência dos escravizados traficados em viagens que podiam durar entre 27 e 60 dias.

Na década de 1840, com o tráfico ilegal e o aumento das remessas de africanos, os problemas da mortalidade se agravaram ainda mais. Devido à repressão inglesa a esse tipo de atividade, o tempo das viagens também aumentaria, assim como os riscos. Nessa época, Rufino trabalhava na embarcação *Ermelinda,* que foi interceptada e capturada pela repressão ao tráfico ilegal em 1841.

Rufino voltou para o Brasil em dezembro de 1844, tendo feito uma parada no Rio de Janeiro de cerca de dois meses e meio, chegando finalmente a Recife. Ali, ele se reuniu à comunidade escravizada composta de africanos, negros brasileiros e libertos, bem como muitos iorubas — originários de Oyó — e muçulmanos. Com base nos ensinamentos do islamismo, que foi aprofundando no Brasil e nas travessias atlânticas, Rufino se dedicou à vida religiosa, confeccionou amuletos, fez leituras do Corão e deixou seus próprios escritos. Em 1853, ele foi investigado e preso por fazer parte de planos de revoltas que envolviam africanos ocidentais.

HENRIQUE DIAS (?-1662) e
GANGA-ZUMBA (1630-1678)

Personagens contemporâneos, Henrique Dias e Ganga-Zumba destacaram-se em postos de liderança. Cada um à sua maneira, viveram diferentes experiências no Brasil colonial escravista do século XVII.

Consta que Henrique Dias nasceu em Pernambuco e que era filho de africanos, provavelmente escravizados, mas foi alforriado ainda criança. Já na década de 1630, Dias teria se alistado para combater os holandeses. A partir de 1633, o nome de Henrique Dias começou a aparecer nas crônicas sobre as batalhas contra os holandeses. Ele ganhou distinção por seus atos de heroísmo e bravura, que foram reconhecidos em vida, chegando a receber a patente de Mestre de Campo.

Henrique comandou uma tropa de libertos, organizada num Terço militar, ficando conhecido como "Governador das Companhias de crioulos, pretos e mulatos". Em 1647, suas tropas já contavam com mais de trezentos integrantes, muitos dos quais "homens pretos" (nomenclatura na época utilizada para designar africanos). Desde a segunda metade do século XVII, em várias partes do país, continuaram a existir grupos militares como esses, formados por libertos e descendentes de africanos, também denominados milícias. Para isso, foram fundamentais a experiência e a trajetória de Henrique Dias. Esses contingentes militares, mobilizados até as primeiras décadas do século XIX colonial, eram chamados de "Batalhões dos Henriques".

Pesquisas mais recentes mostraram que o personagem Henrique Dias já aparecia nos textos didáticos do século XIX, sendo talvez a primeira pessoa negra a ser reconhecida nessa função. Ele não era retratado como escravizado, nem como quilombola, nem como líder de revolta, mas, desde meados dos Oitocentos, como um herói brasileiro nacional.

Ganga-Zumba, assim como Henrique Dias, também atuou como militar, mas nunca vinculado ao Estado. Ele foi, na verdade, uma das mais importantes lideranças do quilombo de Palmares. Em documentos coloniais, é mencionado como

o "rei" que todos "reconhecem" e a quem são "todos obedientes". Era chamado de "Ganga-Zumba, que quer dizer Senhor Grande". Informações mais detalhadas sobre ele aparecem associadas aos documentos que tratam das tentativas de acordos de paz entre quilombolas e autoridades coloniais. Nesses acordos constava que, caso os palmaristas entregassem as armas e fossem se ajuntar em mocambos mais afastados, teriam os seus territórios e habitantes reconhecidos. Com isso, organizaram uma comitiva — que contava com a presença de três filhos do rei Ganga-Zumba — para ir a Recife tratar diretamente com as principais autoridades coloniais.

Visando garantir a sobrevivência e a autonomia do quilombo, os palmaristas de alguns mocambos mostraram-se favoráveis às exigências e acabaram por aceitar o tratado. Enquanto Ganga-Zumba e inúmeros deles migraram para a região do Cucaú, Zumbi — uma importante liderança militar — optou por continuar no mocambo Macaco.

Cabe destacar que a autoridade de Ganga-Zumba sob os demais palmaristas era tanto política quanto militar e religiosa. Contudo, sua chefia começou a ser questionada quando ele concordou que, em troca da garantia da autonomia de Palmares, entregaria os cativos não nascidos nos mocambos. Essa atitude deixou alguns integrantes descontentes, o que fez com que o próprio Ganga-Zumba passasse a temer que houvesse contra ele e o seu mocambo alguma conspiração. Diversos palmaristas, inclusive, já haviam abandonado o mocambo de Cucaú e passado a aumentar o número de seguidores de Zumbi. Ganga-Zumba acabou sendo envenenado e outros tantos fiéis seguidores foram executados, mas seu nome permanece na memória como um grande herói guerreiro.

ZUMBI (1655-1695) e
CARLOS MARIGHELLA (1911-1969)

Zumbi e Marighella são dois heróis negros brasileiros que revolucionaram, respectivamente, os séculos XVII e XX. Separados no tempo e no espaço, eles inspiram ainda hoje a insubordinação e a resistência.

Zumbi sucedeu Ganga-Zumba na liderança do quilombo de Palmares. De 1680 até 1695, ano de seu assassinato, o nome de Zumbi, um reconhecido guerreiro, esteve presente nas narrativas coloniais, em especial na extensa troca de correspondências que visava dar fim ao quilombo.

Entre os anos de 1970 e 1980, as pesquisas do historiador Décio Freitas (1922- -2004) possibilitaram uma reconstrução da biografia de Zumbi. Segundo esses estudos, o líder palmarista nasceu em 1655, num dos mocambos de Palmares. Ainda bem pequeno, teria sido aprisionado e levado para a vila de Porto Calvo. Lá, batizado com o nome de Francisco, foi educado em latim e português pelo padre português Antonio Melo. Teria vivido ali até os quinze anos de idade, quando conseguiu fugir para Palmares, em 1670. Aos dezenove anos, Zumbi teria sido eleito "maioral" e recebido o posto de "cabo de guerra" ou "cabo maior" "ao derrotar a expedição de Antonio Jacome Bezerra". Em 1677, com apenas 22 anos, ele já era considerado "general das armas ou mestre de campo".

A captura de Zumbi passou a ser entendida como fundamental para as autoridades coloniais. Com a informação de que o líder vivia num mocambo na Serra Dois Irmãos, as ações da repressão foram todas concentradas naquele local. O guerreiro palmarista, embora estivesse protegido, foi localizado e morto em 20 de novembro de 1695. O assassinato de Zumbi teria sido comemorado por fazendeiros e autoridades, mas não impediu que o líder e sua luta permanecessem vivos na memória como um símbolo da resistência negra.

Com um intervalo de quase 275 anos, destacamos mais outro protagonista negro: Carlos Marighella, parlamentar e um dos maiores líderes comunistas do Brasil do século XX. Nascido em 1911, em Salvador, Bahia, ele era neto de libertos (por parte da mãe) e filho de um imigrante italiano. Na década de 1930, ingressou no Partido Comunista Brasileiro (PCB), com o qual teve contato por meio de seu pai. Nessa mesma época, ainda bem jovem, Marighella sofreu a primeira repressão política ao ser preso por atuar no movimento estudantil.

Mais tarde, ampliando sua participação política dentro do PCB, passou a sofrer frequente repressão policial. Com isso, foi detido várias vezes, chegando a cumprir pena nos presídios de Fernando de Noronha e Ilha Grande (RJ).

Depois de anistiado e solto, e com a legalização do PCB, Marighella candidatou-se nas eleições para a Assembleia Nacional Constituinte em 1946 e foi eleito deputado pela Bahia. Porém, no ano seguinte, o PCB teve seu registro cancelado pelo Tribunal Superior Eleitoral (TSE); muitos deputados perderam o mandato e Marighella voltou a atuar na clandestinidade. Com o golpe militar de 1964, a perseguição policial tornou-se ainda mais acirrada, Marighella chegou a ser baleado e acabou preso novamente. Foi um período intenso para ele, com a produção de escritos revolucionários, viagem a Cuba, militância contra a ditadura militar e expulsão do PCB. Em 1968, engajados na luta armada contra a repressão, surgiram a Ação Libertadora Nacional (ALN), a Vanguarda Popular Revolucionária (VPR), o MR-8 (Movimento Revolucionário 8 de Outubro), a Polop (Política Operária) e outros movimentos de esquerda que realizavam ações revolucionárias, incluindo atentados, sequestros e assaltos a bancos. Ao mesmo tempo, a perseguição política, as prisões e as torturas por parte do regime ditatorial aumentavam. Considerado inimigo número um da ditadura, o cerco repressivo a Marighella aumentou, e ele foi assassinado numa ação policial na capital de São Paulo em fins de 1969.

Lutando pela liberdade, Marighella e Zumbi morreram nas mãos da repressão. Seus nomes continuam, porém, muito vivos.

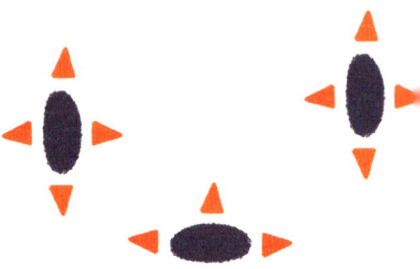

SABINA DA CRUZ (SÉC. XIX) e
EMÍLIA DO PATROCÍNIO (?-1886)

As ruas das grandes cidades brasileiras, como Recife, Rio de Janeiro, Salvador e São Luís, eram dominadas por mulheres negras que por lá circulavam com suas joias vistosas e vestes coloridas cobrindo seus corpos e fazendo alarde. Elas se destacavam por manter um comércio de frutas e hortaliças muito lucrativo, e ficaram conhecidas como "negras minas". A partir do século XVIII, encontramos muitos casos de mulheres, que, provenientes de diversas nações africanas, conquistaram suas alforrias, depois compraram a liberdade de seus familiares e prosperaram economicamente.

A quitandeira Sabina da Cruz, ou Sabina das Laranjas, virou símbolo de liberdade por conta de uma manifestação popular ocorrida em julho de 1889. Na época, foi organizada uma passeata nas ruas do centro do Rio com estudantes e populares insatisfeitos diante da truculência policial contra Sabina. Ela vendia laranjas na porta da Academia Imperial de Medicina, na Rua da Misericórdia, e

era muito conhecida e querida pelos alunos e médicos que ali passavam diariamente. Resultado: Sabina manteve seu negócio e virou exemplo de persistência.

Durante o mesmo século e na mesma cidade, Emília do Patrocínio ganhou destaque como uma empreendedora no comércio de alimentos. Africana ocidental, desembarcou como escravizada no Rio de Janeiro na década de 1830. Em 1839, adquiriu a liberdade comprando sua própria alforria. Em 1840, Emília casou-se com o africano liberto Bernardo José Soares. Bernardo era dono de uma barraca no mercado da Candelária, onde negociava aves e verduras.

Em 1846, já viúva, Emília começou a fazer parte da Irmandade de Santo Elesbão e Santa Efigênia; depois, por volta do início da década de 1850, tornou-se "juíza de devoção" de Nossa Senhora dos Remédios — todas essas importantes organizações negras da época. Ela possuía várias bancas de quitandas, imóveis, joias e escravizados que, entre 1850 e 1870, tratou de alforriar.

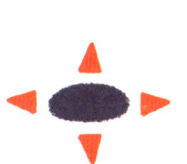

DIVINO MESTRE (1799-?) e MESTRE DIDI (1917-2013)

As populações negras trouxeram da África seus próprios cultos, filosofias e rituais. Essa é a história comum de muitos líderes religiosos que chegaram ao Brasil e que se formaram em nosso país, trazendo e levando ensinamentos de seus ancestrais.

Agostinho Pereira foi um religioso cristão que ficou conhecido como Divino Mestre. A primeira vez que seu nome aparece nos registros é como um militar atuante na Confederação do Equador (1824), movimento revolucionário que se iniciou em Pernambuco, mas que logo alcançou outras províncias vizinhas. Em 1846, Divino Mestre foi denunciado sob a acusação de comandar uma "seita" com mais de trezentos seguidores. Com ele, foram detidos catorze integrantes do grupo: todos negros que sabiam ler e escrever. Acusado de alfabetizar essas pessoas, Divino Mestre teve textos e livros apreendidos. Em suas "escrituras" religiosas, ele dizia que "Deus/Jesus não tinha a cor branca" e que os "Reis eram morenos". Agostinho acabou preso e condenado a três anos de reclusão, mas sua fama como pregador se espalhou.

Deoscóredes Maximiliano dos Santos, o Mestre Didi, foi um dos mais importantes sacerdotes dos cultos de matrizes africanas no Brasil contemporâneo. Descendente da tradicional família Asipà, originária de Ketu, cidade do império ioruba, ele nasceu em 1917, em Salvador, filho do alfaiate Arsênio dos Santos e de Maria Bibiana do Espírito Santo, também conhecida como Mãe Senhora.

Desde cedo, Didi conviveu com pessoas dedicadas às religiões e culturas de raízes africanas na Bahia e em outras partes do Brasil. Sua mãe foi uma das principais lideranças do terreiro Ilê Axé Opô Afonjá, em Salvador. Já Didi tornou-se um destacado intelectual, líder religioso e artista plástico. Fez várias viagens ao continente africano, onde desenvolveu suas pesquisas e estabeleceu relações com culturas ancestrais. Realizou exposições com sua arte religiosa, publicou diversos livros sobre cultura ioruba e recebeu vários prêmios. Tornou-se, assim, um verdadeiro personagem afro-atlântico contemporâneo.

BENJAMIM DE OLIVEIRA (*C.* 1870-1954) e GRANDE OTELO (1915-1993)

Fazer rir e trazer alegria foi a opção de vários protagonistas negros, que transformaram sofrimento em esperança.

Benjamim de Oliveira nasceu em Minas Gerais no ano de 1870. Mesmo sendo filho de uma escravizada, ele recebeu a liberdade ainda naquele ano ao ser batizado. Na infância, para sobreviver, trabalhou com tropeiros, fazendo viagens pelo interior de Minas. Foi durante essas viagens, e enquanto ganhava a vida como vendedor de bolos, que teve seus primeiros contatos com o mundo circense. Apaixonado por essa nova vida, resolveu fugir para acompanhar o circo Sotero. Lá, aprendeu com o mestre Severino de Oliveira as primeiras lições.

Numa sociedade ainda escravista, a vida circense também era difícil. Após três anos no Sotero, temendo ser vendido como escravizado, Benjamim abandonou o grupo e fugiu para Mococa, no interior de São Paulo. Lá, juntou-se a outro circo, onde passou a trabalhar como palhaço e recebeu seu primeiro salário. Contudo, ele não exercia apenas essa ocupação. Nas primeiras décadas do século XX, Benjamim se revelou também como ator, participando de espetáculos teatrais, dramas, comédias e operetas. Era um artista múltiplo: fez sucesso ainda como instrumentista, compondo músicas, e como diretor de espetáculos teatrais, adaptando dramas. Benjamim costumava pintar o rosto de branco, uma maquiagem que ironizava o preconceito que sofria.

Quase meio século depois, mas também em Minas Gerais, temos outro exemplo de artista dedicado a fazer seu público se divertir: Sebastião Bernardo da Costa, conhecido como Grande Otelo. Há relatos de que a filha de sua tutora lhe deu esse apelido pois achava que, quando ele crescesse, atuaria como o personagem Otelo de William Shakespeare.

Grande Otelo nasceu em Uberlândia em 1915. Ao longo de sua infância, viveu com diferentes famílias e fugiu de casa várias vezes. Sua primeira experiência no mundo artístico foi aos sete anos, quando participou da apresentação de um circo que passava por sua cidade. Vestido de mulher, interpretou a esposa do palhaço, arrancando risos da plateia.

Anos mais tarde, em 1935, quando já fazia parte da Companhia de Arte de Jardel Jércolis, seu apelido virou nome. Nesse mesmo ano, Grande Otelo estreou no cinema, no filme *Noites cariocas*, quando contracenou pela primeira vez com Oscar Lorenzo Jacinto, o Oscarito. Participou com ele de uma dezena de filmes de muito sucesso. Grande Otelo fazia sempre o papel mais engraçado e atrapalhado dos dois.

Entre os anos de 1938 e 1946, ele trabalhou para as rádios Nacional e Tupi, assim como atuou no Cassino da Urca — uma das casas noturnas mais frequentadas do país. Sua carreira tomou grande impulso quando interpretou Macunaíma no cinema em 1969. Foi um papel que ficou na imaginação de muitos brasileiros, junto com a figura sempre engraçada do ator.

ABDIAS DO NASCIMENTO (1914-2011) e
BEATRIZ NASCIMENTO (1942-1995)

Intelectuais negros e negras de diferentes gerações, como Abdias do Nascimento e Beatriz Nascimento, dedicaram a vida à luta contra o racismo por meio do ativismo, da arte, da educação e das organizações sociais.

Abdias nasceu em 1914, em Franca, interior de São Paulo. No início dos anos 1930, e já morando na capital, começou a militar em organizações dedicadas à causa negra. Em 1944, criou o Teatro Experimental do Negro, um grande movimento cultural que reunia intelectuais e artistas negros.

O ativista teve um papel fundamental durante os trabalhos da Assembleia Constituinte de 1946, propondo soluções para combater o racismo. Perseguido pela ditadura civil-militar, Abdias foi obrigado a deixar o Brasil em 1968 e iniciou uma longa trajetória internacional. Além de participar de congressos e reuniões, ele foi professor em universidades nos Estados Unidos e na Nigéria, e escreveu vários livros importantes, como *O quilombismo* e *O genocídio do negro brasileiro*, cujos temas continuam muito atuais. Abdias também foi artista plástico, com produções inspiradas, principalmente, em símbolos do candomblé.

De volta ao Brasil, na década de 1980, elegeu-se deputado federal (1983-1986) e senador (1991-1992, 1997-1999). No Rio de Janeiro, em 1992, dirigiu a Secretaria Extraordinária de Defesa e Promoção das Populações Afro-Brasileiras e, em 1999, a Secretaria de Direitos Humanos e da Cidadania. Abdias foi um dos mais importantes intelectuais e influente político na luta antirracista, atravessando desde o início do século XX até o século XXI.

Contemporâneos, Abdias e Beatriz contribuíram para a construção de uma história negra feita e escrita por pessoas negras. Nascida em Aracaju, em 1942, Maria Beatriz Nascimento migrou com sua família, no ano de 1949, para o Rio de Janeiro. Formou-se então como historiadora especialista em escravidão e quilombos. Fundou, em 1974, o Grupo de Trabalho André Rebouças (GTAR), que teve um papel fundamental na articulação entre a produção acadêmica, a reflexão política e a ação prática nos debates sobre a questão racial. Beatriz Nascimento também foi professora na rede estadual e publicou textos que são considerados referências, como "Por uma história do homem negro", "Negro e racismo" e "Kilombo e memória comunitária: um estudo de caso".

Em 1995, com apenas 52 anos, a ativista foi morta ao tentar defender uma amiga que sofria violência doméstica. O assassino foi julgado e condenado sumariamente pela morte de Beatriz.

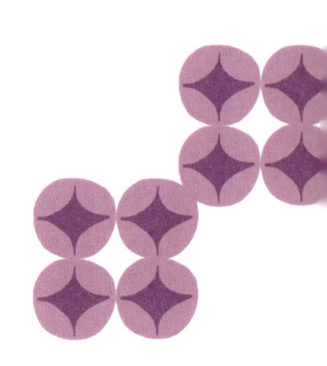

MARIA FIRMINA DOS REIS (1822-1917) e CAROLINA MARIA DE JESUS (1914-1977)

Duas escritoras negras que fizeram de suas experiências de vida temas fundamentais de seus livros e exemplos de liberdade.

Maria Firmina nasceu em 11 de março de 1822, em São Luís do Maranhão. Em 1830, foi morar em Guimarães, onde passou grande parte de sua vida e se destacou como professora primária. No ano de 1859, publicou *Úrsula*, seu romance mais conhecido, que narra uma situação violenta que incentiva a abolição da escravidão (que só ocorreria em 1888). Em 1861, lança em fascículos *O jardim das maranhenses*, que apresenta temas indianistas.

Entre 1861 e 1868, Maria Firmina produziu e publicou, em periódicos literários e outros jornais do Maranhão, contos, enigmas, charadas e poemas — que foram reunidos na coletânea *Cantos à beira-mar*, editada em São Luís em 1871.

O ano de 1880 foi marcante para a escritora: ela abriu uma escola mista e gratuita em Guimarães, e foi aprovada, em primeiro lugar, em um concurso público em História da Educação Brasileira, o que lhe rendeu o título de mestra régia. Em 1887, momento em que os debates acerca da abolição estavam intensos, ela escreveu o conto "A escrava", publicado na *Revista Maranhense*. Em 1888 — ano da abolição da escravidão —, Firmina teria composto a letra e a melodia do *Hino da libertação dos escravos*.

Porém, mesmo com sua rica produção literária, Firmina permaneceu esquecida durante muito tempo, e o fim de sua vida retrata o processo de silenciamento comum a várias autoras negras: ao que se sabe, ela morreu em 1917, pobre e cega.

Tempos depois, outra voz negra feminina despontou na literatura: Carolina Maria de Jesus. Nascida em 1914, em Sacramento, interior de Minas Gerais, ela

era integrante de uma família de nove irmãos. Como precisava trabalhar para ajudar em casa, cursou somente até o atual terceiro ano do Ensino Fundamental. Após sucessivas mudanças com a família pelo interior paulista, em 1947, Carolina foi morar na capital, onde ganhou a vida como trabalhadora doméstica, auxiliar de enfermagem e artista de circo. Em 1948, grávida, ficou desempregada e teve de ir viver na favela do Canindé. Sozinha e com três filhos para criar, ela catava papel e tirava do lixo o sustento de sua família.

Em 1955, Carolina começou a escrever um diário onde anotava suas reflexões. No ano de 1958, conheceu o repórter Audálio Dantas, que publicou alguns trechos do diário na *Folha da Noite*. A repercussão foi imensa. Dois anos mais tarde, o texto dos diários foi lançado como livro, intitulado *Quarto de despejo: Diário de uma favelada*. Seis meses depois, foram vendidos 90 mil exemplares. Devido ao grande sucesso, a obra foi traduzida para treze idiomas e publicada em mais de quarenta países. Em 1961, lançou outra obra biográfica: *Casa de alvenaria*. Em 1969, Carolina editou, por conta própria, um livro de provérbios que chamou de *Quem foi que disse*. No dia 13 de fevereiro de 1977, faleceu em São Paulo, na mais completa miséria.

Carolina conheceu brevemente o sucesso, mas não conseguiu em seu tempo cruzar as barreiras do racismo para ganhar a vida como a grande escritora que com certeza era. Porém, mais recentemente, ela vem recebendo o reconhecimento que merece, com reedições de sua obra e exposições que apresentam outras imagens da autora e seu papel como pensadora do país.

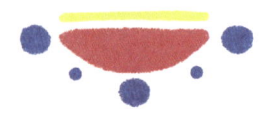

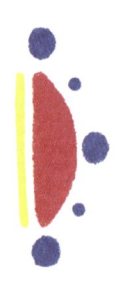

JOAQUIM PINTO DE OLIVEIRA (1721-1811) e ESTÊVÃO SILVA (1844-1891)

No Brasil, histórias de vida de grandes artistas negros foram marcadas pela coragem e pelo ineditismo.

Joaquim Pinto de Oliveira, conhecido como Tebas, foi um importante arquiteto do século XVIII. Seu apelido pode ser explicado de duas maneiras: uma refere-se à engenhosidade de Édipo, herói da mitologia grega e rei de Tebas que desvendou o enigma da esfinge, e outra a uma palavra do quimbundo, usada para

definir alguém que é habilidoso. Pouco se sabe da infância de Joaquim além do fato de ter nascido em 1721 na cidade de Santos (SP) e ter trabalhado como escravizado para um mestre de obras português chamado Bento de Oliveira Lima. A falta de oportunidades em Santos fez com que se mudassem para São Paulo, lugar onde o arquiteto Tebas realizou obras incríveis, como a ornamentação das fachadas das igrejas do mosteiro de São Bento (1766), da Ordem Terceira do Carmo (1777) e da Ordem Terceira do Seráfico São Francisco (1783). Ele construiu também o chafariz em frente à igreja da Misericórdia, que foi o primeiro sistema público de abastecimento de água da cidade. Ergueu a torre da igreja matriz da Sé (1750) e, 28 anos depois, tornou-se responsável por sua reforma. A despeito de ser um arquiteto de renome, só aos 57 anos conseguiu conquistar sua alforria.

Apesar da excelência artística, Tebas e outros mestres, como Estêvão Roberto da Silva, não tiveram a oportunidade de serem reconhecidos em suas épocas.

Estêvão Roberto da Silva nasceu no Rio de Janeiro e foi o primeiro pintor negro formado pela Academia Imperial de Belas-Artes. Recebeu vários prêmios nas exposições gerais da instituição, até que, em 1879, contrariando as expectativas, não ganhou o primeiro lugar e fez um protesto durante uma sessão solene que contava com a presença do imperador d. Pedro II. O escândalo foi enorme: Estêvão foi suspenso por um ano. Só não foi expulso porque a comissão, após ouvir a sua defesa, afirmou que ele agira "por acanhamento da inteligência" — puro preconceito.

Como prova de sua capacidade, Estêvão lecionou na década de 1880 no Liceu de Artes e Ofícios do Rio de Janeiro e foi considerado pela crítica da época um dos grandes pintores de natureza-morta, incluindo em suas telas muitas frutas brasileiras. A partir de uma melancia ou de uma simples penca de bananas, ele trazia para os quadros uma perspectiva mais tropical.

Apenas muito recentemente seu nome começa a ser mais conhecido nas artes brasileiras.

CARTOLA (1908-1980) e
GERALDO FILME (1928-1995)

Duas pessoas para quem o samba foi uma filosofia de vida!

Cartola, ou Angenor de Oliveira, nasceu no Rio de Janeiro em 11 de outubro de 1908. Quando tinha oito anos já integrava blocos de carnaval, tocando cavaquinho, que aprendera com o pai. Ainda bem jovem — por causa da morte prematura da mãe e da rigidez do pai —, Cartola deixou a família. Para sobreviver, teve vários empregos temporários: pedreiro, pintor de paredes, lavador de carros, vigia de prédio e contínuo. Foi no ofício de pedreiro, e por causa do chapéu que usava, que ele ganhou o apelido de Cartola. Levava a vida conciliando essa atividade com a de compositor e violinista. Em 1925, fundou a Estação Primeira de Mangueira, que, três anos depois, se transformaria na segunda escola de samba carioca, e assumiu a função de diretor de harmonia. O nome Estação Primeira foi escolhido porque o morro da Mangueira ficava na primeira parada do trem, quando ele partia da Central do Brasil. Além do nome da escola, suas cores — verde e rosa — foram ideia de Cartola, inspiradas em seu time de futebol, o Fluminense.

Embora seja considerado o criador de sambas clássicos, Cartola morreu na pobreza em novembro de 1980, vítima de um câncer. Ao longo de sua trajetória, o

artista compôs mais de quinhentas canções, com letras de amor, de crítica social e sempre poéticas. Muitas delas vêm sendo regravadas por famosos intérpretes da música popular brasileira, fazendo do sambista nosso imortal.

Assim como Cartola, Geraldo Filme é outro grande personagem do mundo do samba. Ele nasceu em São João da Boa Vista, no interior de São Paulo, em 1928, mas logo a família se mudou para a capital, onde sua mãe tinha uma pensão no bairro Campos Elíseos. Além do estabelecimento, a mãe ganhava a vida fazendo marmitas que o menino entregava pela região. Em seu tempo livre, o garoto aproveitava para passar na Barra Funda, bairro vizinho, onde frequentava rodas de samba e tiririca (capoeira).

Desde criança, Geraldo, além de ser um assíduo frequentador das festas religiosas do interior paulista, participava ativamente do carnaval e das rodas de samba de São Paulo.

A música fazia parte de sua casa: sua avó o introduziu nos cantos de escravizados, seu pai era um famoso violinista e sua mãe foi cofundadora do primeiro cordão carnavalesco formado por mulheres negras.

Com a oficialização do carnaval paulista, em 1968, e as escolas de samba se firmando, a atuação de Geraldo ganhou destaque. Respeitado e querido, ele marcou presença na Unidos do Peruche, na Camisa Verde e Branco e na Vai-Vai, entre tantas outras escolas.

Nos seus últimos anos de vida, Geraldo colaborou na organização do carnaval de São Paulo, tornando-se referência para a cultura negra. O compositor faleceu no dia 5 de janeiro de 1995, deixando de luto toda a pauliceia do samba.

XICA MANICONGO (SÉC. XVI) e
MADAME SATÃ (1900-1976)

Num país tão marcado pelo patriarcalismo como o nosso, poucas pessoas ousaram questionar os limites dados por sexo e gênero. Algumas viraram exemplo!

Quase nada sabemos sobre Francisca Manicongo, ou Xica Manicongo, ou ainda Xica Congo. Ela aparece nos registros da visitação da Inquisição no Brasil vivendo na capitania da Bahia, em finais do século XVI, como escravizada de um sapateiro.

Xica foi acusada duas vezes pelo Tribunal da Inquisição. Na primeira denúncia, afirmou-se que ela "usava o ofício de fêmea". Já na segunda, dizia-se que "Francisco" recusava-se a usar "o vestido de homem que lhe dava seu senhor".

Seria Xica proveniente do Reino do Congo, na África Central, onde se usavam trajes diferentes dos conhecidos pelos europeus? Teria imposto suas orientações de sexo e gênero numa sociedade muito católica e moralista? Difícil dizer. O certo é que Xica foi uma pessoa excepcional. Suas atitudes, seu comportamento e as acusações que recaíram sobre ela revelam preconceitos sobre práticas, costumes e culturas corporais presentes nos continentes africanos e americanos, mas muito perseguidos pelas autoridades religiosas brasileiras. Ela virou, com o tempo, um símbolo da comunidade LGBTQIAPN+.

Uma trajetória semelhante à de Xica Manicongo foi percorrida, e com dificuldades, também por outros e outras personagens. É o caso de João Francisco dos Santos, ou Madame Satã, que nasceu no dia 25 de fevereiro de 1900, em Pernambuco. Conta a história que era neto de escravizados. Quando tinha sete anos, sua mãe, viúva e passando necessidades, acabou deixando o menino com um vizinho em troca de uma égua. João trabalhou, então, como uma espécie de escravizado numa fazenda onde cui-

dava de cavalos. Tempos depois, fugiu para o Rio de Janeiro com uma senhora que também lhe prometera uma vida melhor. Porém, chegando à capital, viu-se obrigado a ocupar as funções de faxineiro, cozinheiro e carregador.

Fugiu novamente aos treze anos e conquistou sua liberdade na marra. Foi vendedor ambulante e garçom, dormiu em caixas de feira e sonhou ser artista. Conheceu a malandragem e foi treinado por um grande capoeirista, o Sete-Coroas. Aos 23 anos, era conhecido como "Caranguejo da Praia das Virtudes", por conta de seu infalível soco de esquerda.

Viveu entre os bairros da Lapa e da Glória, numa região conhecida até hoje como "Beco do Rato". Teve cinco filhas de criação e dirigiu uma pensão. Costumava se apresentar com uma saia vermelha em teatros da Praça Tiradentes, interpretando um número que ficou muito conhecido: "Mulher de Besteira", que demonstrava a maneira como Madame Satã questionava a própria sociedade. Satã teve também de se defender e sofreu um total de 26 processos policiais, que resultaram em quase trinta anos de encarceramento. Lutou por seus direitos e os de seus afilhados, que eram muitos.

Faleceu em 1976 por causa de uma pneumonia. Pouco antes de sua morte, passou por uma internação como indigente no hospital de Angra dos Reis. Nessa época, levava a vida cozinhando para festas e eventos. Em seu enterro, teve seu último desejo cumprido: o de ir embora com seu chapéu-panamá e duas rosas vermelhas sobre seu caixão.

LIBERATA (*C.* 1780-?) e
CAETANA (*C.* 1818-?)

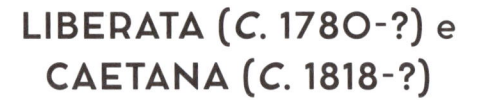

Liberata e Caetana nasceram escravizadas, mas lutaram sempre pela liberdade.

Filha de escravizados, Liberata nasceu por volta de 1780 na vila de Paranaguá, no Brasil Meridional colonial. Pertencia a Custódio Rodrigues, mas foi vendida dez anos depois, em 1790, para José Vieira Rebelo, morador da Enseada das Garoupas, no Desterro, atual Florianópolis.

Foi provavelmente nessa época que Liberata conheceu o assédio senhorial, com perseguições e abusos sexuais. O pior é que também tinha medo de que sua

senhora e a filha dela soubessem dessas violências e não a ajudassem, mas, por ciúmes, atentassem contra ela.

Em 1793, Liberata teve um filho com Vieira Rebelo, que prometeu dar liberdade a ambos. No ano seguinte, ainda aguardando em vão a liberdade, ela deu à luz uma menina, mas o senhor continuou não cumprindo com sua palavra. Todavia, Liberata tinha planos familiares próprios e se casou com um homem pardo, chamado José, que possuía recursos para comprar sua alforria. Mesmo assim, o patrão não consentiu com o casamento e tampouco concordou com os valores para o pagamento da liberdade.

Foi assim que, em 1813, começaram as batalhas judiciais de Liberata para garantir sua alforria. Em 1835, ela voltou aos tribunais, agora para alforriar seus dois filhos — José e Joaquina. E Liberata, como estava escrito em seu nome, conseguiu libertar toda a sua família.

A liberdade também foi a bússola na vida de Caetana. A escravizada era filha das gerações de africanas que chegaram ao Brasil entre 1810 e 1820. Ela viveu com seus parentes na fazenda Rio Claro, grande propriedade cafeicultora com centenas de escravizados.

Em 1835, aos 17 anos, Caetana, que tinha a ocupação de mucama, foi obrigada a se casar com Custódio, de "vinte e tantos" e que atuava como alfaiate. Ambos faziam parte do grupo de escravizados domésticos, desempenhando ocupações que lhes permitiam acesso à casa-grande.

Caetana acabou recusando a imposição de seu senhor para aquela vida marital e gerou um processo cível, que durou de 1836 a 1840. Ela queria a anulação do casamento e conseguiu. Caetana disse não à opressão da sociedade e impôs, assim, seu próprio desejo.

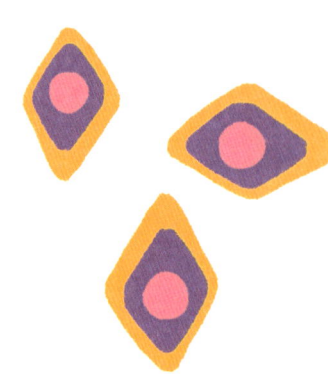

CHIQUINHA GONZAGA (1847-1935) e EDUARDO DAS NEVES (1874-1919)

Vamos falar de música e liberdade?

Apesar de atualmente ser parte fundamental da história da música brasileira como compositora, regente e pianista, ainda pouco se conhece acerca da infância de Francisca Edwiges de Lima Neves Gonzaga, que nasceu no Rio de Janeiro em 1847. Chiquinha Gonzaga, como é conhecida, era filha de uma mulher negra de nome Rosa Maria de Lima e de José Basileu Neves Gonzaga, um militar da família do Duque de Caxias.

Chiquinha passou a infância na freguesia de Santana (RJ), onde recebeu aulas particulares de piano. Aos dezesseis anos, em 1863, foi obrigada a se casar com Jacinto Ribeiro do Amaral, um oficial da Marinha Mercante, com quem teve três filhos. Decidiu se separar, o que causou um escândalo na sociedade. Enfrentando os preconceitos da época, teve mais uma filha de outro casamento e se separou novamente. Solteira e independente, numa sociedade muito machista, ela passou a viver de aulas de piano e apresentações musicais em bailes e festividades.

Sua trajetória musical deslanchou. Adaptando o piano para a música popular, Francisca compôs valsas, serenatas, fados, polcas, mazurcas, lundus, trilhas de operetas e de peças teatrais. Passou também a reger orquestras e a criar marchas para cordões que participavam de desfiles nos carnavais. Ainda na década de 1880, destacou-se como militante abolicionista e republicana. Durante as atividades políticas, apresentava suas composições, angariando novos admiradores para a causa.

Com sua música e militância, Chiquinha escandalizou os costumes de seu tempo, pois era raro ver mulheres tão independentes e fazendo sucesso com sua música e arte. Autora de mais de 2 mil obras, faleceu em 1937, aos noventa anos.

Outra figura que também se destacou no mundo da arte e da música a partir da segunda metade do século XIX foi Eduardo das Neves, nascido no bairro de São Cristovão, no Rio de Janeiro, em 1874. Na década de 1890, ele foi funcionário da Central do Brasil e soldado do Corpo de Bombeiros, mas ficou conhecido como ator circense, mais especificamente como palhaço, atuando em diversos circos no Rio e em outras cidades brasileiras.

Eduardo ganhou vários nomes artísticos: "Palhaço Dudu", "Dudu das Neves", "Nego Dudu" ou simplesmente "Palhaço Negro". Além da fama nos circos, fez sucesso em teatros e cineteatros, cafés e casas de espetáculo.

Ele conquistou a fama também como um reconhecido instrumentista. Tocava desde instrumentos de percussão (pandeiro, chocalho e cuíca) até de corda (viola e cavaquinho). Ao longo de sua carreira, produziu e interpretou centenas de músicas, influenciando outros artistas negros. Dudu ainda foi editor de livros, nos quais reuniu partituras e letras de sua autoria.

Mesmo com a vasta produção artística e o sucesso que alcançou participando das primeiras gravações fonográficas no Brasil, entre 1907 e 1912, Eduardo morreu na pobreza, em 1919, com apenas 45 anos de idade.

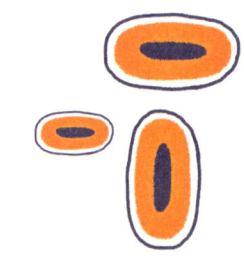

TEODORO SAMPAIO (1855-1937) e MILTON SANTOS (1926-2001)

Hora de conhecer dois intelectuais negros consagrados ainda em vida.

Teodoro Fernandes Sampaio nasceu em 1855, em Santo Amaro, na Bahia. Era filho da escravizada Domingas da Paixão do Carmo, tendo sido alforriado logo na ocasião do batismo. Há controvérsias acerca da identidade de seu pai. Há quem sugira que seria filho do padre Manuel Fernandes Sampaio, com quem viajou, aos dez anos de idade, para São Paulo. Pouco tempo depois, mudou-se para o Rio de Janeiro, onde, anos mais tarde, ingressou no curso de engenharia na Escola Politécnica, concluído em 1876. A fim de rever a mãe e os irmãos, Teodoro retornou a Santo Amaro; e consta que teria pagado pela alforria dos irmãos mais velhos, que continuavam escravizados.

De volta ao Rio de Janeiro, Teodoro prosperou em sua profissão: no ano de 1879, integrou a Comissão Hidráulica e várias expedições científicas nos sertões da Bahia. Participou dos trabalhos de prolongamento da linha férrea que ligava Salvador ao rio São Francisco e, em 1883, tornou-se o engenheiro-chefe. Em 1890, outra vez em São Paulo, Teodoro ingressou na Comissão Geográfica e Geológica. Fez parte da fundação da Escola Politécnica, em 1893, e foi diretor e engenheiro-chefe do Saneamento do estado até 1903.

Autor de várias obras, Teodoro Sampaio, além de engenheiro, atuou como geógrafo e professor. Faleceu aos 82 anos, em 1937, no Rio de Janeiro. Devido ao prestígio e ao reconhecimento que conquistou, dois municípios brasileiros (um em São Paulo e outro na Bahia) receberam o nome dele. Há também várias escolas, vias e túneis com seu nome em cidades, como Salvador, São Paulo, Rio de Janeiro, Santos, Curitiba, Feira de Santana e Londrina.

Outro grande intelectual negro que se destacou na área acadêmica foi Milton Almeida dos Santos. Nascido em Brotas de Macaúbas, na Bahia, em 1926, ele escreveu livros e ensaios com reflexões sobre espaços urbanos, desigualdade, globalização, migrações e tecnologia.

Formou-se em Salvador, mas fez o doutorado na Universidade de Estrasburgo, na França, e, ao retornar, tornou-se professor na Universidade Federal da Bahia (UFBA). Participou do governo Jânio Quadros, em 1961, e depois do governo da Bahia. Porém, perseguido e preso pela ditadura civil-militar que se instalou em 1964, partiu para o exílio na Europa. Durante esse período, foi professor e pesquisador em várias universidades, como Toulouse e Sorbonne (França), Toronto (Canadá), Columbia (Estados Unidos) e Londres (Inglaterra), entre outras. Também colaborou com diversos órgãos internacionais, como a Organização das Nações Unidas (ONU) e a Organização dos Estados Americanos (OEA).

Milton Santos retornou ao Brasil em 1977 como professor da Universidade Federal do Rio de Janeiro (UFRJ). Nesse mesmo ano, também começou a lecionar na Universidade de São Paulo (USP), onde se tornou, mais ao final da vida, professor emérito. Milton Santos faleceu em 2001, mas seu legado permanece com mais de quarenta livros publicados e honrarias recebidas no Brasil e no mundo, como o Prêmio Internacional de Geografia, que conquistou em 1994.

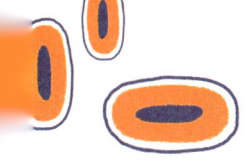

FRANCISCO DE PAULA BRITO (1809-1861) e
JOÃO HENRIQUES DE LIMA BARRETO (*C.* 1850-1922)

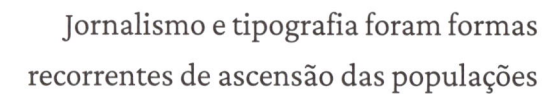

Jornalismo e tipografia foram formas recorrentes de ascensão das populações negras, que sempre apostaram na educação como um meio de conquista da liberdade.

Francisco de Paula Brito nasceu na então rua do Piolho, no centro do Rio de Janeiro, em 2 de dezembro de 1809. Sua família, de origem modesta e descendente de escravizados, era composta de excelentes artistas, ourives e carpinteiros.

Viveu dos seis aos treze anos num engenho em Magé (RJ), onde aprendeu as primeiras letras com sua irmã Ana Angélica. Retornou ao Rio em 1823, tendo ingressado em 1824 na Tipografia Nacional como aprendiz de tipógrafo. Foi diretor de prensas, redator e tradutor na oficina tipográfica de Pierre Plancher. Em 1831, comprou uma livraria na Praça da Constituição, hoje Praça Tiradentes.

Um ano depois, abriu a Tipografia Fluminense Brito & C., posteriormente chamada Tipografia Imparcial de Brito, e passou a editar livros e revistas. Paula Brito definia-se como "impressor livre", publicando textos com orientações políticas diversas, principalmente aqueles que tratavam do debate político sobre a questão racial, que se tornava cada vez mais urgente num país que buscou naturalizar a mão de obra escravizada. Em 1850, fundou a Imperial Tipografia Dois de Dezembro, uma companhia que teve entre seus acionistas o imperador d. Pedro II, que lhe concedeu o título de impressor da Casa Imperial. O editor era também contista, dramaturgo e poeta. Paula Brito, considerado o precursor da imprensa e do mercado literário no Brasil, faleceu no Rio em 15 de dezembro de 1861. Dizem que seu cortejo fúnebre parou a então capital brasileira.

Outro personagem que viu na tipografia uma forma de emancipação foi João Henriques de Lima Barreto, o pai do famoso escritor de sobrenome homônimo. João Henriques estudou no Instituto Comercial do Rio de Janeiro e completou sua formação técnica na Tipografia do Imperial Instituto Artístico, onde também foi funcionário. De lá, trabalhou no *Jornal do Commercio* e depois no *A Reforma*.

Mas a sorte iria mudar. João apresentou nessa época sinais do que seria depois diagnosticado como um surto psicótico. Mesmo assim se casou com a professora Amália Augusta, em 1878. A esposa logo sofreria, porém, com a doença que mais matava no Rio: a tuberculose. Ela faleceu em 24 de dezembro de 1887, deixando o marido com quatro filhos.

João Henriques passou a trabalhar dia e noite como paginador e chefe técnico das oficinas tipográficas da *Tribuna Liberal* e da Imprensa Nacional. Fez a tradução e a adaptação da obra de Jules Claye, o *Manual do aprendiz compositor*, publicada por ele em 1888. Com a República proclamada em 1889, João Henriques perdeu o emprego por causa de sua proximidade com os círculos monarquistas. O pai de Lima tornou-se então escriturário e, em seguida, almoxarife das Colônias de Alienados da Ilha do Governador. A malária corria solta por lá, mas João Henriques tentava repetir seu modelo de ascensão profissional. Em 1893, estourou a Revolta da Armada, com os combatentes invadindo as Colônias, exigindo suprimentos e ameaçando os doentes e responsáveis. A pressão foi demais: mesmo com o evento solucionado, o pai de Lima, diagnosticado com neurastenia, foi aposentado em 1903 e nunca mais saiu de sua poltrona na casa da família em Todos os Santos.

Ele faleceu em 3 de novembro de 1922, um dia e meio depois de seu filho Lima Barreto. Até hoje, os dois estão enterrados na mesma lápide, num cemitério localizado no bairro de Botafogo.

ALEIJADINHO (1730-1814) e
MARIA AUXILIADORA DA SILVA (1935-1974)

Há quem viva de fazer arte e distribuir alegria com ela.

Antônio Francisco Lisboa, o Aleijadinho, nasceu em 1730 na cidade de Cachoeira do Campo, distrito de Vila Rica, hoje Ouro Preto, em Minas Gerais. Era filho de um mestre de obras português, Manuel Francisco Lisboa, um dos primeiros arquitetos atuando na província. Sua mãe era uma escravizada — não se sabe se africana ou já nascida no Brasil — e se chamava Isabel. Quando estava com cerca de quarenta anos, Aleijadinho desenvolveu uma doença degenerativa nas articulações. O apelido veio dessa enfermidade, que o deformou e cuja exata natureza continua controversa.

Mesmo com limitações físicas, são de sua autoria as igrejas de São Francisco de Assis e de Nossa Senhora das Mercês e Perdões (ambas em Ouro Preto). Executou, em 1779, uma série de encomendas em Sabará, realizando ornamentações internas e externas na igreja da Ordem Terceira do Carmo. Durante mais de vinte anos, Aleijadinho foi requisitado por diversas vilas das Gerais. Entre 1800 e 1805, realizou o conjunto de esculturas os Passos da Paixão e os Doze Profetas da Igreja de Bom Jesus de Matosinhos, na cidade de Congonhas do Campo, atual Congonhas. Apesar de ter alcançado sucesso ainda em vida, o artista morreu pobre, doente e abandonado, provavelmente, em 1814. Sua biografia ainda mistura muita realidade com lenda, com seu nome sendo reconhecido hoje em dia como o maior escultor barroco de seu tempo.

Séculos depois, Minas Gerais foi o local de origem de outra artista, que, diferentemente de Aleijadinho, mudou-se para São Paulo ainda cedo. Maria Auxiliadora da Silva nasceu em 24 de maio de 1935, em Campo Belo (MG), numa família de dezoito irmãos. Sua mãe era lavadeira, escultora e bordadeira, e o pai assentava dormentes — peças retangulares de madeira que servem de base para os trilhos das estradas de ferro. Todos se mudaram para São Paulo atraídos pelas promessas de prosperidade. A vida na cidade grande, porém, não era fácil, e Auxiliadora ajudou a família desde muito nova.

A partir de 1967, ela decidiu se dedicar à pintura, que considerava um dom. Ainda menina, tingia os fios que a mãe bordava para vender; com onze anos, desenhava nos muros. Aos 32 anos, já adquirira uma técnica muito própria: moldava as figuras em gesso no quadro, incluía seus cabelos e colocava muita tinta, de modo a dar dimensionalidade às telas.

Sua primeira exposição ocorreu em 1971. No ano seguinte, finalmente voltou a estudar, inscrevendo-se no Centro de Alfabetização de Adultos, ambiente que retratou em vários trabalhos. Mas a vida dela seria breve: após uma difícil batalha contra o câncer, a artista faleceu em 20 de agosto de 1974.

Vida curta, mas obra longa. Nas suas telas, muito coloridas, Auxiliadora retratou pessoas do povo na labuta, em meio a festas ou deixando o tempo passar. Também utilizou muito a cor branca. Os orixás do candomblé, os vestidos de escolas de samba e as festas de maracatu apresentavam rendas, e as casas, cortinados em relevo.

Auxiliadora gostava de incluir diálogos em alguns de seus quadros: moças conversando sobre as roupas que iriam usar nas festas, um sanfoneiro debatendo com amigos, estudantes do Movimento Brasileiro de Alfabetização (Mobral) dialogando entre si. Tratava-se de uma crônica visual da cultura popular e negra.

CLEMENTINA DE JESUS (*C*. 1900-1987) e ISMAEL SILVA (1905-1978)

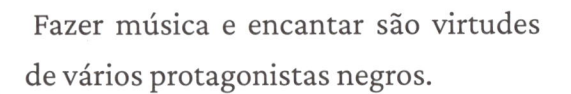

Fazer música e encantar são virtudes de vários protagonistas negros.

Clementina de Jesus era filha de uma mulher liberta pela Lei do Ventre Livre. Nasceu na cidade de Valença, no Rio de Janeiro, mas ninguém sabe a data com precisão. Costumava dizer que sua avó era "Mina da África", nome dado às escravizadas de São Jorge de Mina, na costa africana. Seu pai, Paulo Batista dos Santos, atuava como pedreiro, mas também era conhecido como violeiro e capoeira. Sua mãe, Amélia de Jesus dos Santos, era parteira e lavadeira. Os cânticos católicos com melodias de jongo e caxambu faziam parte de seu dia a dia.

Aos oito anos, mudou-se para a zona oeste e depois para a zona norte do Rio, berço da escola de samba Portela. Aos doze, já saía no bloco Moreninhas das Campinas. Foi lá que Clementina teve sua primeira experiência musical nos folguedos de Natal de origem portuguesa. Em 1938, casou-se com Albino Correia da Silva, o Pé Grande, e foi morar no Morro da Mangueira. Nessa época, ela não pensava em se profissionalizar; sua carreira como cantora começou apenas aos 63 anos. Daí para a frente passou a se apresentar no Brasil e no exterior e ganhou o apelido carinhoso de Rainha Quelé.

Unanimidade entre a crítica, Clementina é entendida como um elo entre África e Brasil. Ela faleceu no ano de 1987, mas ganhou a memória e o afeto de brasileiros que continuam a cantar suas músicas e a se lembrar de sua personalidade simpática e forte.

A musicalidade e o Rio de Janeiro também fazem parte da vida e da obra de outro ícone artístico do século XX. Milton de Oliveira Ismael da Silva nasceu em 1905 na cidade de Niterói (RJ). Seu pai, Benjamim da Silva, era cozinheiro, e sua mãe, Emília Correia Chaves, lavadeira. Era o mais novo entre os cinco irmãos. Quando tinha três anos, sua família mudou-se para a cidade do Rio de Janeiro após a morte do pai.

Ismael sempre se destacou como um bom aluno e colega. Era também encantado com o mundo do samba, com o qual conviveu nas ruas do bairro. No final da adolescência foi morar na rua Estácio de Sá, onde conheceu o cantor Francisco Alves, que se tornaria, anos depois, seu parceiro.

Ismael tornou-se, em 1928, um dos fundadores da primeira escola de samba do Brasil, a Deixa Falar. Reconhecido como um homem tranquilo e elegante, estava sempre vestido com um terno branco engomado sobre camisa verde ou vermelha e lenço combinando.

A partir de 1935 ele se afastou do cenário artístico, por causa de uma desilusão amorosa, somada ao rompimento com Francisco Alves e à morte de Noel Rosa, seu novo parceiro. Com tantas desilusões, perdeu-se um pouco e acabou preso por atirar em uma pessoa. Felizmente, nos anos 1950, já estava de novo na ativa.

Na década de 1960, Ismael fez parte do grupo que se apresentava no Zicartola, bar e restaurante do amigo Cartola e da esposa dele, dona Zica. Costumava dizer que o samba era seu único emprego, mas também foi auxiliar em um escritório de advocacia e trabalhou com segurança interna na Central do Brasil.

Ismael teve uma velhice humilde numa pensão no centro do Rio. Morreu em março de 1978 de um ataque cardíaco, mas virou lenda do samba brasileiro.

CRUZ E SOUSA (1861-1898) e MÁRIO DE ANDRADE (1893-1945)

Hora de tratar de dois escritores que viraram, cada um em sua época, ícones literários de suas gerações.

João da Cruz e Sousa nasceu em Nossa Senhora do Desterro, hoje Florianópolis, em 24 de novembro de 1861. Filho de escravizados alforriados, ele nasceu no dia de São João da Cruz e recebeu o nome do santo e o sobrenome da família que o criou. Com sete anos já escrevia seus primeiros versos e declamava poemas. Em 1869, entrou para a escola pública. Seus primeiros textos foram publicados em jornais da província a partir de 1877. Muito ligado à causa abolicionista, escreveu artigos para o jornal *Tribuna Popular*. Sofreu, porém, perseguições racistas.

Sua estreia na literatura aconteceu em 1885 com o livro *Tropos e fantasias*. Em 1890, mudou-se para o Rio de Janeiro, onde colaborou no jornal *Cidade do Rio*, do abolicionista José do Patrocínio. Nessa mesma época, trabalhou como arquivista na Central do Brasil. Em 1893, casou-se com Gavita Rosa Gonçalves e publicou os livros *Missal* e *Broquéis*. Com esses títulos, Cruz e Sousa inaugurou um novo momento na história literária do país, rompendo com o parnasianismo e introduzindo o simbolismo no Brasil.

Nos últimos anos de vida, o "poeta negro", como era conhecido, lutou contra a miséria e a enfermidade. Em 1898, foi contaminado pela tuberculose. Pobre e esquecido, faleceu no dia 14 de março do mesmo ano. Hoje é considerado um mestre do simbolismo brasileiro.

Outro escritor negro que se destacou na cultura literária nacional, mas em outro contexto, foi Mário Raul de Morais Andrade, que nasceu em São Paulo no dia 9 de outubro de 1893. Ele ingressou no Conservatório

Dramático e Musical em 1911, prometendo uma carreira de sucesso na música. No entanto, em 1913, seu irmão Renato morreu durante uma partida de futebol. O golpe foi imenso: Mário abandonou o conservatório e mudou-se com a família para uma fazenda em Araraquara. Em seu retorno à capital paulistana, passou a dar aulas particulares e a frequentar rodas literárias, nas quais

conheceu Anita Malfatti e Oswald de Andrade. Em 1917, publicou seu primeiro livro, *Há uma gota de sangue em cada poema*, sob o pseudônimo de Mário Sobral.

No ano de 1922, além de participar da Semana de Arte Moderna, realizada de 11 a 18 de fevereiro no Teatro Municipal de São Paulo, que na época escandalizou a sociedade local, tornou-se professor do Conservatório Dramático e Musical. Integrou também o grupo fundador da revista *Klaxon*, que divulgava o modernismo paulistano. Publicou, ainda, *Pauliceia desvairada*, em que reuniu seus primeiros poemas modernistas.

Visitou, em 1924, as cidades históricas de Minas Gerais; em 1927, viajou pelo Amazonas; e, entre 1928 e 1929, esteve no Nordeste, sempre recolhendo informações sobre festas, lendas, ritmos e outras manifestações. As viagens propiciaram material e vocabulário para uma série de livros de Mário, sendo *Macunaíma* a sua obra-prima.

Em 1934, tornou-se diretor do Departamento de Cultura do Município de São Paulo, criando um acervo vasto sobre cultura popular. Fundou também a Discoteca Pública Municipal de São Paulo. Mário era muitos: foi um dos fundadores do Serviço do Patrimônio Histórico e Artístico Nacional (SPHAN), diretor do Instituto de Artes da Universidade do Distrito Federal e chefe da seção de Dicionário e Enciclopédia do Instituto Nacional do Livro. Mário e sua família eram discretos com relação às suas vidas privadas, buscando, por exemplo, não mencionar o fato de ele ser negro e homossexual — temas hoje mais livremente debatidos em nossa sociedade.

No dia 25 de fevereiro de 1945, faleceu vítima de um ataque cardíaco. O músico, poeta, agitador, etnógrafo, crítico e escritor entrou para a história como um grande intérprete do Brasil.

JOÃO CÂNDIDO (1880-1969) e
FRANCISCO JOSÉ DO NASCIMENTO (1839-1914)

Dominar os mares sempre foi uma maneira de conquistar a liberdade.

João Cândido Felisberto nasceu em Encruzilhada do Sul, no Rio Grande do Sul, em 1880, sendo filho de ex-escravizados. Aos dez anos, mudou-se para Porto Alegre, ficando aos cuidados do almirante Alexandrino de Alencar, amigo da família do patrão de seu pai. Quatro anos mais tarde, ingressou como grumete na Marinha. Frequentou a Escola de Aprendizes-Marinheiros, onde trabalhou como instrutor. Exerceu também as funções de artilheiro, maquinista, faroleiro, sinaleiro e timoneiro.

A corporação era o destino de jovens excluídos da sociedade, negros em sua maioria. Os castigos físicos haviam sido abolidos no Exército em 1874, porém, na Marinha, persistiam as chibatadas, símbolo eloquente do sistema escravocrata.

Mas João Cândido faria carreira. Em 1895, foi destacado para trabalhar no Rio de Janeiro, ocupando atividades na artilharia, no levantamento hidrográfico, no tiro ao alvo, no reconhecimento de postos, entre outras funções. No início de 1900, participou da missão em que o Brasil disputou com a Bolívia o território do Acre. Aos 29 anos, foi enviado para a Inglaterra para conhecer os equipamentos do novo navio de guerra brasileiro *Minas Geraes*. Lá, entrou em contato com profissionais ingleses que compunham um grupo politizado. No retorno, os marinheiros brasileiros passaram a questionar a situação da corporação.

João Cândido foi chamado ao Palácio do Governo e exigiu o fim da chibata, dos maus-tratos, dos baixos salários e dos métodos da escravidão. Sem acordo, o movimento eclodiu em 1910 por causa da condenação do marinheiro Marcelino Rodrigues de Menezes a 250 chibatadas. Eram cerca de 2 mil marujos amotinados mantendo os canhões apontados para o Rio. Rapidamente, João Cândido virou celebridade, ficando conhecido como Almirante Negro. A partir de então, atraiu admiração mas também ódio, que o acompanhariam pela vida toda. Após quatro dias de tensão, a revolta terminou com a anistia. Assim que os rebeldes se entregaram, porém, o governo reviu a promessa: foram 1216 expulsões, muitas prisões, degredos e trabalhos forçados para centenas de rebelados. Dezoito líderes foram punidos e levados à Ilha das Cobras, ficando isolados do mundo; apenas João e um companheiro saíram vivos. Em 1912, os marinheiros foram julgados e absolvidos, mas excluídos da Marinha.

João começou nova vida: trabalhou no porto, na tripulação de um veleiro e casou-se. Mas acabou demitido e boicotado. Ele passou a trabalhar de madrugada, na descarga de peixes na Praça Quinze.

No final de sua vida, o Almirante Negro recebia pensão da prefeitura da cidade onde nasceu. Viveu seus últimos anos num casebre na Baixada Fluminense, sem saneamento básico nem luz elétrica. Trabalhava como estivador na Praça Quinze quando morreu, no dia 6 de dezembro de 1969, por causa de um câncer. Se o líder faleceu em relativo anonimato, a revolta que liderou entrou para a história, e seu nome continua a motivar aqueles que, cansados dos tratos humilhantes, lutam por direitos.

Há muita lenda envolvendo a figura de Francisco José do Nascimento. Nascido em 15 de abril de 1839, em Canoa Quebrada, no Ceará, numa família de pescadores, foi criado pela mãe, Matilde Maria da Conceição, e, por isso, ficou conhecido como o Chico da Matilde. Contam as histórias locais que seu avô fora engolido pelo mar em sua jangada, e o pai, Manuel do Nascimento, morrera buscando riquezas nas águas dos seringais amazônicos.

Começou a vida como menino de recados do navio *Tubarão*. Em 1859, trabalhou nas obras do porto de Fortaleza e atuou como marinheiro na linha Maranhão-Ceará. Em 1874, foi nomeado prático da Capitania dos Portos e no porto de Fortaleza.

Por causa das intempéries que abateram a província, que foi castigada pela seca e pela cólera, os proprietários locais empobrecidos procuraram vender seus escravizados para o Sudeste cafeicultor com o objetivos de diminuir seus prejuízos. Francisco, que aderira na década de 1880 à Sociedade Cearense Libertadora, da qual chegou a ser diretor, opôs-se frontalmente a esse tráfico interno de cativos. Sob o slogan de "No Ceará não se embarcam escravos", jangadeiros, liderados por Francisco, passaram a impedir o embarque, bloqueando o porto. Francisco José estava na sessão de 25 de março de 1884 quando o Ceará aboliu a escravidão quatro anos antes do resto do Brasil. Tornou-se símbolo da luta pela liberdade, passando para a história como o Dragão do Mar.

MACHADO DE ASSIS (1839-1908) e
LIMA BARRETO (1881-1922)

Lima e Machado: dois grandes escritores negros que se opuseram à escravidão e defenderam um país mais inclusivo, cada um em seu contexto e de sua maneira.

Joaquim Maria Machado de Assis nasceu no morro do Livramento, no Rio de Janeiro, no dia 21 de junho de 1839. Era filho de Francisco José de Assis, um pintor de paredes, e da imigrante açoriana Maria Leopoldina, e neto de escravizados alforriados. Ainda garoto perdeu a mãe e a irmã. Para colaborar nas despesas, vendeu balas e doces, e ajudou na igreja, onde recebia aulas de latim.

Em 1856, entrou para a Imprensa Nacional como aprendiz de tipógrafo. Em 1858, atuou como revisor e colaborador no *Correio Mercantil* e, em 1860, passou a fazer parte da redação do *Diario do Rio de Janeiro*. Também escrevia em outros jornais, entre eles *O Futuro*, órgão dirigido por Faustino Xavier de Novais, irmão de sua futura esposa.

No dia 12 de novembro de 1869, Machado casou-se com Carolina Augusta Xavier de Novais, sua grande companheira. E a vida ia bem: o primeiro romance, *Ressurreição*, saiu em 1872 e, no ano seguinte, o escritor foi nomeado primeiro oficial da Secretaria de Estado da Agricultura, Comércio e Obras Públicas.

A mão e a luva foi publicado em 1874 primeiro sob a forma de folhetim. Machado também intensificou sua colaboração em jornais e revistas, escrevendo crônicas, contos, críticas, poemas e romances. Em 1880, virou oficial de gabinete do ministro interino da Agricultura, Comércio e Obras Públicas e, em 1889, acabaria promovido a diretor.

Em 1881, publicou *Memórias póstumas de Brás Cubas*, que deu início a um grande reconhecimento do escritor ainda em vida. Machado foi um dos fundadores da Academia Brasileira de Letras e seu primeiro presidente.

Em outubro de 1904, morreu Carolina, que, além de esposa querida, era também sua revisora e enfermeira, uma vez que Machado sofria de epilepsia, doença na época cercada por muitos estigmas. O escritor faleceu no Rio, no dia 29 de setembro de 1908, e seu funeral parou a capital.

Afonso Henriques de Lima Barreto nasceu em 13 de maio de 1881, sete anos antes da abolição da escravidão. Ele tomou a data como premonição e afirmou que escreveria uma história da escravidão, o que, de alguma maneira, fez. Seus pais, João Henriques e Amália Augusta, nasceram libertos. O pai era tipógrafo e a mãe, professora e diretora de uma escola em Laranjeiras. Foi nesse bairro que o menino passou sua primeira infância, ao lado de quatro irmãos. D. Amélia teve, porém, partos complicados; depois, contraiu tuberculose e morreu no fim do ano de 1887.

Lima teve uma ótima formação escolar, mas sofreu sempre com a discriminação e o racismo. Não conseguiu terminar o curso de engenheiro, mas seu desejo era mesmo se tornar escritor. Além do mais, com seu pai aposentado em 1903, virou arrimo de família, trabalhando como funcionário público na Secretaria da Guerra.

Nunca parou de escrever. Em 1907, fundou a revista *Floreal*, em que apresentou os primeiros capítulos de *Recordações do escrivão Isaías Caminha*, publicado em livro em 1909. A obra, em parte autobiográfica, criticava o racismo e o jornalismo.

Foi durante uma bebedeira, em 1914, que Lima foi internado no Hospital Nacional de Alienados. O romance *Numa e a Ninfa* foi lançado imediatamente após a saída do hospital, em 1915, e provocou um escândalo por causa da crítica aos

políticos. No mesmo ano, ele publicou *Triste fim de Policarpo Quaresma*: Policarpo se parecia com Lima na irreverência, mas com seu pai no nacionalismo.

No começo de 1918, quando Lima estava internado no Hospital Central do Exército para tratar de contusões sofridas por mais uma bebedeira, recebeu uma carta de Monteiro Lobato convidando-o para publicar um conto. O escritor enviou os originais da obra *Vida e morte de M. J. Gonzaga e Sá*, lançada em 1919.

No mesmo ano, Lima foi novamente internado. Recebeu de Juliano Moreira, diretor do então denominado manicômio, e negro como ele, papel e lápis: escreveu seu *Diário do hospício* e o romance inacabado *O cemitério dos vivos*. Em 1922, terminou um romance que vinha escrevendo a vida toda: *Clara dos Anjos*, sua novela mais suburbana e feminina.

Lima morreu em 1º de novembro de 1922, depois de tentar por três vezes, sem sucesso, entrar na Academia Brasileira de Letras, sempre lutando por um Brasil mais justo.

MÃE ANDRESA (1854-1954) e MÃE ANINHA (1869-1938)

As experiências religiosas de matrizes africanas são manifestações fundamentais de respeito à memória ancestral de africanos e seus descendentes no Brasil e nas Américas.

Andresa Maria de Sousa Ramos, Mãe Andresa, coordenou a Casa das Minas, no Maranhão, entre 1914 e 1954, e era considerada a última princesa de linhagem direta fon. Descendente de escravizados, Andresa nasceu em 10 de novembro de 1854, em Caxias, mas migrou ainda jovem para São Luís.

Logo aos sete anos foi consagrada à Casa das Minas — terreiro de tradição matriarcal, em São Luís, no Maranhão, onde apenas as mulheres são autorizadas a comandar os trabalhos comunitários e religiosos. Mãe Andresa foi uma das maiores lideranças da Casa das Minas no século XX, herdando o posto de africanas e suas descendentes que criaram este espaço no início do século XIX.

Ela foi a quarta coordenadora da Casa, à qual guardou dedicação integral: nunca se casou e foi madrinha de mais de cem afilhados. Faleceu em 20 de abril de 1954, depois de ter coordenado a Casa das Minas por cinquenta anos.

Eugênia Ana dos Santos, conhecida como Mãe Aninha, nasceu em Salvador, em 1869, e foi uma destacada ialorixá e liderança religiosa na história das religiões afro-brasileiras, em especial o candomblé. Filha de africanos da nação grunci, quando criança tomou parte do culto de Iya Mãe. Já adulta, foi iniciada para o orixá Xangô Ogodô e depois para Xangô Afonjá, quando recebeu o nome religioso de Obá Biyi, que significa "nascida do Rei" ou "nascida de Xangô". Inaugurou em 1910 seu templo para Xangô Afonjá, no bairro da Cabula, em Salvador: o Ilê Axé Opô Afonjá.

Mãe Aninha esteve sempre cercada de nomes importantes da história da religião dos orixás, como os babalaôs Rodolpho Martins de Andrade (Bamboxê Obitikô) e Martiniano Eliseu do Bonfim (Ajimudá). Instituiu em seu candomblé um conselho religioso formado por doze dignitários, os Obá de Xangô, e um conselho para cuidar da administração do terreiro, a Sociedade Cruz Santa do Axé do Opô Afonjá.

A ialorixá Aninha Obá Biyi passou quatro temporadas no Rio de Janeiro, onde iniciou filhos de santo e se reencontrou com outros. Estabeleceu também relações fortes com autoridades, o que não a impediu de abrigar em seu terreiro pessoas perseguidas pela ditadura, como o antropólogo Edison Carneiro.

Mãe Aninha foi membra das Irmandades do Rosário e da Boa Morte. Faleceu em 1938, em Salvador; na ocasião, milhares de pessoas acompanharam o cortejo. Seus terreiros de Xangô, em Salvador e no Rio, foram tombados como patrimônio cultural.

IVONE LARA (1922-2018) e BATATINHA (1924-1997)

O mundo do samba é um local fundamental de sociabilidade negra.

Yvonne Lara da Costa nasceu em 1922, em Botafogo, Rio de Janeiro. Desde menina, conviveu com blocos, ranchos e reuniões com muita música, arte transmitida pelos avós africanos e ex-escravizados. Yvonne ficou órfã jovem. Mesmo assim, herdou os dotes da casa: sua mãe, Emerentina Bento da Silva, era costureira e pastora do Rancho Flor do Abacate, e o pai, João da Silva Lara, além de mecânico, era um conhecido violonista do Bloco dos Africanos.

Até os dezessete anos, Yvonne estudou em um colégio interno. Por lá desenvolveu a paixão principalmente pelo canto. Ao deixar a escola, foi morar com os tios, gente do mundo da música, que conhecia sambistas famosos como Pixinguinha e Donga. A essa altura, já havia aprendido a tocar cavaquinho.

Em meados da década de 1940, mudou-se para Madureira, aproximando-se ainda mais do ambiente das escolas de samba. Desfilou na ala das baianas no Grêmio Recreativo Escola de Samba Império Serrano e integrou a ala dos compositores — fato raro para uma mulher naquela época.

Formada em enfermagem e serviço social, Yvonne dedicou-se à área da saúde pública por mais de trinta anos, atuando principalmente em hospitais psiquiátricos. Ao mesmo tempo, desde a década de 1970, gravou vários álbuns de samba. Em 1977, se aposentou e passou a se dedicar inteiramente à carreira artística, tornando-se uma referência musical e símbolo da cultura de origem africana e das escolas de samba, com suas composições

recuperando ritmos dos seus antepassados africanos e de ex-escravizados do Vale do Paraíba. Desde então, passou a ser chamada e conhecida internacionalmente como Ivone Lara, a grande dama do samba e da música afro-brasileira.

Elegante e remanescente de uma tradição das décadas de pós-emancipação, Ivone Lara morreu em 2018.

Além de Ivone, outro representante do samba se destacou na primeira metade do século XX. Em Salvador, na Bahia, região da maior importância para a música afro, nasceu, no ano de 1924, Oscar da Penha, conhecido como Batatinha. Na infância, ele era chamado de Vassourinha, mas o apelido que se colou à sua história vem de uma gíria local para "gente boa". Trabalhou por muitos anos como gráfico na Imprensa Oficial da Bahia, porém o samba e as batucadas sempre foram suas maiores paixões.

Suas composições passaram a ser mais conhecidas quando o cantor começou a se apresentar com frequência em programas de rádio na Bahia. Em 1969, gravou seu primeiro disco solo: *Batatinha e companhia ilimitada*. Depois disso, continuou a compor com frequência, a despeito de muitas de suas músicas só serem descobertas na década de 1990. As canções de Batatinha foram gravadas, a partir dessa época, por intérpretes de sucesso, como Maria Bethânia, Chico Buarque, Caetano Veloso, Gilberto Gil, Paulinho da Viola, entre outros.

Aposentado, o artista faleceu em 1997, aos 72 anos. Riachão, um dos mais famosos sambistas da Bahia, definiu o amigo como alguém com a "cabeça cheia de cabelos brancos e cada fio uma nota musical".

NEUSA SANTOS SOUZA (1948-2008) e VIRGÍNIA LEONE BICUDO (1910-2003)

Neusa e Virgínia são duas mulheres negras que fizeram da psicanálise uma forma de missão.

Neusa Santos Souza nasceu na cidade de Salvador em 1948 e se radicou no Rio de Janeiro, formando-se na faculdade de medicina. Desde o início de sua carreira, interessou-se especialmente pelas áreas da psiquiatria e da saúde mental. No final da década de 1970, ingressou no mestrado e, em 1981, apresentou sua dissertação, publicada em 1983: *Tornar-se negro: ou as vicissitudes do negro brasileiro em ascensão social*. Baseado em histórias de vida de pessoas negras, o estudo é considerado pioneiro na área.

Neusa teve uma trajetória importante também como militante dos movimentos antirracistas, em especial o Movimento Negro Unificado (MNU), sobretudo entre os anos de 1979 a 1981, incluindo as questões políticas e raciais à luz das dimensões psicológicas.

Ela se tornou uma teórica muito reconhecida na formação de profissionais da área, além de atuar junto a pacientes mentais graves. De forma prematura e trágica, Neusa morreu em 2008, atirando-se do edifício onde morava no bairro de Laranjeiras, no Rio. Somente agora ela vem tendo o reconhecimento público que tanto merece.

Virgínia Leone Bicudo nasceu em São Paulo no dia 21 de novembro de 1910. Neta de uma alforriada e filha de uma imigrante italiana pobre, ela buscou na ciência uma forma de combater o racismo.

No ano de 1930, formou-se na prestigiosa Escola Normal de São Paulo, futuro colégio Caetano de Campos, e já em 1932 concluiu o curso de educadora sanitária na Escola de Higiene e Saúde Pública do Estado de São Paulo. Posteriormente, foi comissionada junto à Seção de Higiene Mental Escolar do Departamento de Educação.

Matriculou-se na Fundação Escola de Sociologia e Política no ano de 1935: era a única mulher e negra da turma. No segundo ano, conheceu a psicologia social e Sigmund Freud. Aproximou-se de Durval Marcondes, que, em 1927, fundou a Sociedade Brasileira de Psicanálise. Recém-formada em sociologia, Virgínia iniciou parceria com Marcondes na própria Fundação, lecionando disciplinas de higiene mental e psicanálise.

Ingressou no mestrado, em 1942, e defendeu a dissertação *Atitudes raciais de pretos e mulatos em São Paulo*, em que demonstrou como, até mesmo quando as diferenças sociais diminuem, o preconceito racial continua firme.

Virgínia ampliou suas pesquisas sobre racismo e o trabalho de divulgação da psicanálise, mas enfrentou a resistência de colegas. Em 1954, durante o I Congresso Latino-Americano de Saúde Mental, ela foi acusada de charlatanismo e exercício ilegal da medicina. Mas a psicanalista não desistiu. Em 1955, mudou-se para Londres a fim de se especializar no atendimento de crianças. Ao retornar, cinco anos depois, assumiu a direção do Instituto de Psicanálise da Sociedade Brasileira de Psicanálise de São Paulo, cargo que ocupou por catorze anos.

A profissional se manteve atuante na área até três anos antes de morrer, em 2003. Porém, a despeito do trabalho de uma vida, sua contribuição só vem sendo reconhecida recentemente. Sua dissertação de mestrado foi publicada 65 anos depois, e tanto a Sociedade Brasileira de Psicanálise quanto a Fundação Escola de Sociologia e Política apenas a homenagearam em 2010, centenário de seu nascimento.

MÉCIA (SÉC. XVI) e
FRANCISCA LUIZ (C. 1550-?)

O Tribunal da Inquisição era um órgão da Igreja Católica que, sobretudo na Espanha e em Portugal, procurava manter a fé na base da repressão. Dentre os atos definidos como pecaminosos estavam os "crimes de sodomia", prática também conhecida na época como "abominável pecado nefando". Nos tempos medievais, a expressão significava "excessos" na vida sexual.

No século XVI, o Tribunal, também chamado de Santo Ofício, decidiu que o alvo de suas investigações seriam os homens. Com relação aos "amores homoeróticos femininos", houve uma certa tolerância na Europa. Afinal, não havia muitos relatos dessa prática, pois a maioria ocorria nos centros urbanos ou nos conventos e de maneira reclusa. Mesmo assim, alguns casos foram punidos e registrados.

Já no Brasil, durante a primeira visitação do Santo Ofício ao Nordeste (1591--1595), 29 mulheres foram detidas como "sodomitas". A maioria das relações confessadas à Igreja Católica envolvia meninas e "moças donzelas", como eram denominadas as acusadas que tinham entre dezoito e vinte anos. Várias mulheres adultas, casadas ou viúvas, também admitiram ter tido intimidade com amigas durante a juventude. Guiomar Pisçara, de 38 anos, casada, confessou que, anos atrás, manteve relações com uma escravizada da família, uma "negra ladina Guiné" chamada Mécia.

Um caso rumoroso foi o que envolveu Francisca Luiz e Isabel Antônia. Francisca Luiz era uma mulher negra forra natural do Porto e que morava em Salvador. Era filha de Luiz, um escravizado, e fora abandonada pelo marido Domingos Soares, pardo. Ela sabia "ler pela cartilha", tinha "uma irmã mulata" e teria vindo de

Portugal degredada por "pecar com outras mulheres". Franscisca foi denunciada na primeira visitação, em 25 de janeiro de 1592, por Isabel da Fonseca, natural da Bahia, que disse que, havia sete anos, a moça ganhara fama pública de manter relações com Isabel Antônia.

Oito meses após realizada a denúncia, em 14 de setembro de 1592, Francisca Luiz foi chamada pelo visitador, que lhe pediu que declarasse "todas suas culpas". Reconheceu ela então que havia treze anos tinha "amizade" com Isabel Antônia, "mulher que não tem marido, que diziam que veio degredada do Porto por usar do pecado nefando com outras mulheres".

Francisca tinha quarenta anos quando foi denunciada ao Tribunal do Santo Ofício por causa do romance com Isabel Antônia. Esta chegara de Portugal por volta de 1579, degredada também do Porto por acusações de lesbianismo. Não se sabe se elas já se conheciam em Portugal. De toda maneira, Isabel foi morar na casa de Francisca e, em 1580, uma briga entre as duas, motivada por ciúmes, acabou no Juízo Eclesiástico.

Foi "admoestada pelo visitador Furtado de Mendonça" e dispensada. Dois dias depois, foi chamada de novo à Mesa Inquisitorial e, após jurar nos Santos Evangelhos, ratificou sua negação: "nunca mais, nem antes nem depois em todo o tempo de sua vida que se lembra, pecou o tal pecado nefando". Em 18 de agosto de 1593, saiu sua sentença: pagamento de dez cruzados para as despesas do Santo Ofício e penitências espirituais (confissões e jejuns).

Esse foi um dos raros processos de "sodomia feminina" ocorridos aqui no Brasil e que acabaram sendo efetivamente julgados pela Inquisição Portuguesa. Francisca Luiz é talvez a única mulher condenada pela Inquisição, no Brasil, por lesbianismo. No entanto, como Isabel Antônia já havia falecido na época da visitação, o Santo Ofício resolveu não castigar Francisca com o desterro. Se o relacionamento era bom ou não, jamais saberemos. Consta, porém, que ficaram juntas por treze anos, o que revela que não se tratava de um mero caso fortuito.

ANTONIETA DE BARROS (*C.* 1901-1952) e LÉLIA GONZALEZ (1935-1994)

Antonieta de Barros e Lélia Gonzalez são duas mulheres negras que estavam muito à frente de seu tempo.

Nascida em 1901, em Santa Catarina, Antonieta de Barros era muitas: educadora, escritora e a primeira mulher negra eleita deputada estadual no país. Órfã de pai e criada pela mãe Catarina, uma escravizada doméstica, conseguiu se alfabetizar, ingressar no curso primário e se formar na Escola Normal ainda com dezessete anos. Articulou, então, magistério com jornalismo e militância política, ganhando destaque como professora de tradicionais escolas frequentadas pelas elites de Santa Catarina.

Antonieta dedicou-se à carreira parlamentar, tendo sido candidata nas eleições de 1934 e 1937, quando defendeu o voto feminino, que ainda era proibido no

Brasil. Como deputada estadual de Santa Catarina, teve papel destacado nos debates sobre educação e cidadania no país. Lutando contra a intolerância racial, fez parte do Centro Catarinense de Letras, criado, entre outros motivos, como oposição à Academia Catarinense de Letras, que sempre restringiu a entrada de escritores negros em seus quadros. Com o pseudônimo de Maria da Ilha, Antonieta escreveu crônicas para vários periódicos, tendo fundado e dirigido os jornais *A Semana* (1922-1927) e *Vida Ilhoa* (1930). Em 1937, Antonieta lançou a coletânea *Farrapos de ideias*, que reunia artigos anteriormente publicados no jornal *Republica* e abordava as questões raciais e sexuais de seu tempo.

Em 1952, com apenas 51 anos e complicações de saúde por conta do diabetes, Antonieta faleceu. Até 1964, o Curso Particular Antonieta de Barros, criado por ela e oficializado em 1922, se manteve funcionando. Em Santa Catarina e em várias partes do Brasil, ela foi homenageada com a Medalha de Mérito Antonieta de Barros e o Prêmio Antonieta de Barros, entre outros.

Lélia Gonzalez foi, sem dúvida, a mais influente intelectual negra do Brasil do século XX. Nascida na cidade de Belo Horizonte em 1935, filha de Acácio Joaquim de Almeida, um ferroviário, e Urcinda Serafina Almeida, uma trabalhadora doméstica, ela se mudou para o Rio de Janeiro com apenas sete anos. Na formação

escolar, Lélia passou pelo prestigiado Colégio Pedro II, e se graduou em história, geografia e filosofia na Universidade do Estado do Rio de Janeiro (UERJ, na ocasião UEG, antiga Universidade do Estado da Guanabara). Nos anos 1970, teve intensa participação em debates políticos e públicos sobre gênero, lutas feministas e organizações antirracistas. Tomou parte, com vinculações institucionais ou informais, de várias organizações negras, como Instituto de Pesquisas das Culturas Negras (IPCN), Coletivo de Mulheres Negras N'Zinga e Movimento Negro Unificado contra a Discriminação Racial (MNUCDR), entre outras. Atuou também em partidos políticos como candidata a deputada federal pelo Partido dos Trabalhadores (PT), em 1982, e a deputada estadual pelo Partido Democrático Trabalhista (PDT), em 1986, tendo presença fundamental na ampliação dos debates sobre a questão racial no período da redemocratização.

Suas reflexões no campo da filosofia, da psicanálise e da antropologia política foram fundamentais. Num contexto em que ainda se debatiam a existência do racismo e seu impacto real na sociedade brasileira, Lélia González foi uma voz feminina única. Conectando práxis, ações organizativas, reflexões teóricas e formação comunitária e acadêmica, Lélia se transformou numa referência na organização de mulheres negras e na formação acadêmica feminista, com seus textos e intervenções. Depois da sua morte, em 1994, seria ainda mais reconhecida, com seu nome batizando uma escola pública estadual do subúrbio carioca e sendo homenageada em coletivos negros universitários, em blocos afro, peças teatrais e prêmios literários.

As armas de Antonieta e de Lélia sempre foram as letras e a imaginação social.

LUIZ GAMA (1830-1882) e
JOSÉ DO PATROCÍNIO (1853-1905)

A abolição da escravidão no Brasil foi o resultado de um amplo processo de luta social que envolveu debates parlamentares, propaganda abolicionista, jornalistas e intelectuais, movimentos associativos (sociedades emancipacionistas) e, sobretudo, um abolicionismo negro com a participação dos escravizados, que fugiam em massa para os quilombos e tomavam parte em insurreições, além da população negra moradora das cidades. As trajetórias e as personalidades de Luiz Gama e José do Patrocínio são símbolos dessa fundamental participação negra para a abolição.

Falecido quase seis anos antes de 13 de maio de 1888, Luiz Gama é o abolicionista negro mais reconhecido na memória do pós-abolição, entre o final do século XIX e a primeira metade do século XX. Filho da africana liberta Luiza Mahin, Gama nasceu em Salvador em 1830. Ele passou a primeira infância num ambiente escravista, urbano, negro, em meio a grupos de africanos ocidentais islamizados. Vendido como escravizado aos dez anos pelo pai, passou por Santos (SP) e pelo Rio de Janeiro, trabalhando em serviços domésticos e depois como sapateiro. Segundo suas próprias memórias, aos dezessete anos, em 1847, teve os primeiros contatos com a escrita, por meio da convivência com um hóspede do seu senhor.

Em 1848, já liberto e com aproximadamente dezoito anos, Gama ingressou na Força Pública de São Paulo, na época chamada de Guarda Municipal Permanente. Com conhecimentos de escrita, passou a atuar como funcionário público, sendo nomeado amanuense da Secretaria de Polícia. Escrevendo e publicando textos poéticos, ele seguiu uma longa e exitosa trajetória no jornalismo paulistano, onde publicou artigos de natureza política, partidária e jurídica.

Em 1869, Gama solicitou ao juízo municipal uma autorização para atuar como advogado provisionado e passou a contribuir, de maneira sistemática, nos tribunais de São Paulo a favor da liberdade dos escravizados. Como advogado da causa negra, Gama foi acusado de manipular a legislação, esconder escravizados e promover fugas e rebeliões. Ele operava, porém, nas frestas do próprio sistema: uma das especialidades jurídicas dele era evocar a Lei de 7 de novembro de 1831, que declarava "livre" todo africano desembarcado ilegalmente a partir daquele dia. Com a promulgação da Lei de 28 de setembro de 1871, conhecida como Lei do Ventre Livre, Gama ampliou sua atuação jurídica.

Luiz Gama morreu em 1882, aos 52 anos, por conta de complicações do diabetes. Seu falecimento repercutiu muito junto à imprensa e às associações abolicionistas. Em 1883, ocorreu a primeira marcha cívica ao túmulo de Luiz Gama, no cemitério da Consolação. Tais atos públicos aconteceram até a década de 1930, sendo acompanhados por políticos e associações negras.

Outro símbolo do abolicionismo negro letrado foi José do Patrocínio, nascido em Campos dos Goytacazes (RJ) em 1853. Era filho natural do padre João Carlos Monteiro e de Justina Maria do Espírito Santo, uma escravizada. Patrocínio aprendeu a ler e a escrever quando foi morar no Rio de Janeiro. Ali, conseguiu emprego e contatos para se dedicar aos estudos preparatórios para o curso de farmácia. Conviveu num ambiente estudantil de muita mobilização política, aproximando-se da propaganda abolicionista e republicana. Em meados da década de 1870, ele deu início a uma promissora carreira como jornalista e literato.

Nos anos 1880, participou da fundação da Sociedade Brasileira Contra a Escravidão, e, alguns anos depois, da Confederação Abolicionista, ao lado de André Rebouças (1838-1898). Patrocínio se transformou, então, numa figura de destaque na campanha popular pela abolição, que ganhava as ruas do Rio de Janeiro — então capital do Brasil —, jornais, gabinetes, senzalas, casebres e parlamentos. Patrocínio estava ao lado da princesa Isabel quando ela assinou a Lei Áurea.

Acusado de trair os ideais republicanos e insuflar a Guarda Negra — um grupo de afrodescendentes que agia contra reuniões e comícios republicanos —, Patrocínio foi atacado por vários grupos políticos. Sua vida literária continuou, porém, ativa, sendo ele um dos fundadores da Academia Brasileira de Letras.

CHICA DA SILVA (*C*. 1731-1796) e CATARINA MINA (?-*C*. 1886)

Muitas protagonistas negras conquistaram a liberdade e se transformaram em empreendedoras num mundo cercado de escravidão e de uma cultura profundamente masculina. Conhecemos assim as trajetórias de Chica da Silva e Catarina Mina.

Chica da Silva é uma das mais conhecidas personagens femininas do Brasil escravista, aparecendo no cinema e em novelas desde o final do século XX. Entre lendas e mitos, acabou imortalizando a imagem de uma escravizada extremamente bela que seduziu um homem da elite em pleno período da mineração colonial, conquistando alforria, prestígio e poder. Por meio de uma série de pesquisas, hoje temos mais informações e detalhes sobre a vida de Chica. Filha de mãe africana e, provavelmente, de pai branco, Francisca da Silva nasceu entre 1731 e 1735 em uma área de mineração em Diamantina, Minas Gerais. Ela é caracterizada na documentação como "parda" e por vezes "mulata".

Vendida e escravizada por vários proprietários — alguns dos quais acusados de violência sexual —, Chica teve vários filhos. Por volta de 1759, ela conquistou a alforria e, mais tarde, se casou com João Fernandes de Oliveira, um contratador

de diamantes e seu antigo proprietário. Adotou, então, o nome de Francisca da Silva Oliveira. Eles se relacionaram por dezessete anos e tiveram treze filhos, todos batizados na Igreja de Santo Antônio, matriz do Tejuco. Conhecida na região, Chica se destacaria como uma pessoa que, dentre outras preocupações, prestava muita atenção a suas vestimentas, adereços, roupas, ouro e joias, tal qual outras mulheres negras libertas em Minas Gerais. Essa ostentação de luxo era muito importante para a estima dessas e de outras mulheres negras. Ela morreu em setembro de 1796, sendo enterrada com pompas na igreja da Irmandade de São Francisco de Assis, local teoricamente destinado à elite branca.

Assim como Chica da Silva, cujo nome acabou imortalizado pela narrativa cinematográfica, a africana ocidental Catarina Mina também ficou na memória de sua cidade. Virou até nome de rua — Beco Catarina Mina — no centro histórico de São Luís, no Maranhão. Estamos falando de Catarina Rosa Pereira de Jesus, uma quitandeira que conquistou sua alforria e prosperou como uma mulher negra africana que negociava de igual para igual com comerciantes brasileiros, ingleses e portugueses na praça de São Luís.

Por meio de seu testamento, aberto em fevereiro de 1886, é possível conhecer um pouco mais acerca da vida dessa notável africana. Ela tinha escravizados e deixou heranças para seus afilhados, assim como recursos de todo tipo — joias, imóveis e dinheiro, frutos do empreendedorismo de uma mulher negra africana que se destacou numa área urbana e dinâmica da economia brasileira.

MARCÍLIO DIAS (1835-1865) e
FÉLIX JOSÉ RODRIGUES (?-1915)

A guerra do Paraguai (1864-1870) é hoje conhecida por suas batalhas sangrentas, pela grande mortandade que gerou e por heróis destacados na história brasileira, sendo alguns deles negros. Durante o conflito internacional, muitos membros das elites libertavam e enviavam para a guerra ex-escravizados no lugar de seus próprios filhos. É nesse contexto tenso que podemos avaliar os feitos de Marcílio Dias e Félix José Rodrigues.

Marcílio Dias era grumete do Corpo de Imperiais Marinheiros até se transformar em marinheiro-artilheiro, ganhando distinção numa série de batalhas navais travadas durante a Guerra do Paraguai. Em 1865, ele participou da famosa batalha naval do Riachuelo, onde foi ferido e morto. Desde então seu nome é reverenciado na marinha por conta de seus atos e coragem.

Já Félix José Rodrigues é um herói ainda mais desconhecido. Ele era escravizado numa fazenda de gado no Piauí e constantemente acusado de "contumaz fugitivo". Conquistou sua alforria após solicitar recrutamento no Exército brasileiro, sendo convocado para servir em 1866. Em 1867, Félix partiu para os campos de guerra; lá, ganhou distinção por sua atuação na Batalha de Cerro Corá, ocorrida no ano de 1870 — ocasião em que morreu o líder militar paraguaio Solano López (1827-1870). Os relatos de memória garantem que Félix teria dado o disparo mortal. De volta ao Brasil, foi recebido pelo imperador d. Pedro II como herói de guerra. Consta que Félix José Rodrigues morreu em 1915.

Apesar de pouco mencionado na história do país, Félix é especialmente conhecido no povoado de Barra da Aroeira, no Tocantins. Aliás, não são muitas as pessoas que sabem que várias comunidades rurais foram fundadas por ex-soldados negros que serviram na Guerra do Paraguai. Existiu, inclusive, uma legislação imperial que obrigava a doação de terra aos voluntários da pátria: aqueles que foram incorporados às tropas brasileiras.

Além da memória de seu fundador, a comunidade ainda guarda fardas e caneleiras dos antigos ex-soldados e de seus primeiros habitantes. Também a memória local preserva o mito fundador e suas vinculações com fugitivos e outros povoados negros próximos. Em 2006, a Fundação Cultural Palmares reconheceu Barra do Aroeira como comunidade remanescente de quilombos.

AGRADECIMENTOS

Assim como ocorreu no "projeto mãe", para adultos, a primeira *Enciclopédia negra*, desta vez também contamos com um mutirão de colaboradores, parceiros e torcedores. Todo mundo jogando junto. A equipe da editora — em especial, da Companhia das Letrinhas — foi a retaguarda e a vanguarda de sempre. Citar todos nominalmente é tarefa fundamental, porém inglória, posto que nos arriscamos a esquecer alguém! Mas vamos lá: Júlia Schwarcz, Ana Tavares, Debora Alves, Rosimar Rosario, Helen Nakao, Camila Mary, Soraia Scarpa, Alissa Queiroz, Rosana Trevisan e Rafaela Santos. A Suzane foi mais que demais, parceria luxuosa desde sempre. Juntar pesquisas, desenhos e escritas, mais uma vez, acabou sendo uma experiência mobilizadora e amiga. Foram muitas as dúvidas, as sugestões e os conselhos. Muito trabalho e não menos diversão.

FLÁVIO DOS SANTOS GOMES é historiador e professor da Universidade Federal do Rio de Janeiro. Escreveu, entre outras obras, *Experiências atlânticas* (2003), *A hidra e os pântanos* (2006), *Histórias de quilombolas* (2006) e *Mocambos e quilombos* (2015). Organizou, com Lilia Moritz Schwarcz, o *Dicionário da escravidão e liberdade* (2018) e a *Enciclopédia negra* (2021, livro ganhador do prêmio Jabuti).

LILIA MORITZ SCHWARCZ é historiadora, antropóloga, curadora e professora da Universidade de São Paulo e da Universidade de Princeton. É autora de vários títulos para adultos, em quadrinhos e para crianças e jovens, como *O espetáculo das raças* (1993), *As barbas do imperador* (1998, ganhador do prêmio Jabuti), *D. João Carioca* (2007), *Uma amizade impossível* (2014), *Lima Barreto — triste visionário* (2017), *Dicionário da escravidão e liberdade* (2018), *Enciclopédia negra* (2021, ganhador do prêmio Jabuti) e *Óculos de cor* (2022, ganhador do prêmio Jabuti). Foi eleita imortal na Academia Brasileira de Letras em 2024.

SOBRE A ILUSTRADORA

SUZANE LOPES é ilustradora, escritora e designer, conhecida como Movimento 1989. Mora na Bahia, na região metropolitana de Salvador, em Simões Filho. É ilustradora, entre outros livros, de *Óculos de cor* (2022, ganhador do prêmio Jabuti), *A máquina da eternidade* e *Ninho* (ambos de 2024) — tendo também escrito o último. Ter ilustrado esta *Enciclopédia negra para jovens leitores* foi um exercício de imaginação entre passado, presente e futuro, permitindo novos olhares sobre as trajetórias representadas.

ENCICLOPÉDIA NEGRA
NA HISTÓRIA

1770

Esperança Garcia escreveu uma carta em que reivindicava direitos, o que a fez reconhecida, séculos depois, como a primeira advogada do Piauí.

Início das entradas sistemáticas de africanos escravizados no Brasil.

1545

1575

Primeiras notícias da existência de um mocambo no país, na Bahia.

1750

Nessa década, **Chico Rei** arrecadava recursos para comprar a alforria de escravizados africanos.

Nos anos finais do séc. XVI, **Xica Manicongo** e **Mécia** foram denunciadas aos Tribunais da Inquisição. Durante esta década, surgiram mocambos nas capitanias da Bahia e de Sergipe.

1590

Petronilha foi acusada nos Tribunais da Inquisição e, no ano seguinte, **Francisca Luiz** também foi denunciada.

1591

Rosa Egipcíaca escreveu a *Sagrada teologia do amor de Deus, luz brilhante das almas peregrinas* entre 1733 e 1764.

1733

Morte de **Henrique Dias**. Entrada dos primeiros africanos escravizados na Amazônia.

1662

1675

Registros realizados entre 1675 e 1678 indicam a "Cerca de **Aqualtune**".

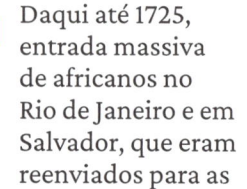

Provável ano de nascimento de **Chica da Silva**.

1731

Morte de **Ganga-Zumba**.

1678

1700

Daqui até 1725, entrada massiva de africanos no Rio de Janeiro e em Salvador, que eram reenviados para as áreas de mineração.

1695

Morte de **Zumbi**.

1905 — Morte de **José do Patrocínio**.

1910 — João Cândido liderou a Revolta da Chibata.

1893 — **Cruz e Sousa** publicou os livros *Missal* e *Broquéis*. **Teodoro Sampaio** participou da fundação da Escola Politécnica.

1914 — Morte de **Francisco José do Nascimento**.

1891 — Morte de **Estêvão Silva**. Nascimento de **Minervino de Oliveira**.

1915 — **Lima Barreto** publicou *Triste fim de Policarpo Quaresma*.

1889 — **Quintiliano Avellar** subscreveu uma carta coletiva a Rui Barbosa. **Sabina da Cruz** virou símbolo de liberdade por causa de uma manifestação popular.

1888 — A Lei Áurea declarou extinta a escravidão no Brasil. **João Henriques de Lima Barreto** publicou o *Manual do aprendiz compositor*. Surgimento da Guarda Negra.

1919 — Morte de **Eduardo das Neves**.

1886 — Morte de **Catarina Mina**.

1885 — Lei dos Sexagenários. Revolta quilombola no Espírito Santo.

1922 — **Mário de Andrade** participou da Semana de Arte Moderna.

1884 — Abolição da escravidão nas províncias do Ceará e do Amazonas.

1881 — **Machado de Assis** publicou *Memórias póstumas de Brás Cubas*.

1880 — Morte de **Manoel Pedro Cardoso Vieira**. **Chiquinha Gonzaga** atuou na militância abolicionista e republicana nesta década.

1878 — Provável ano da morte de **Inácio da Catingueira**.

1877 — **Manuel do Sacramento** foi investigado por conscientizar escravizados.

1876 — **Amélia Rosa** foi denunciada por feitiçaria e acusada de envenenamento.

1871 — Nascimento de **Elyseu Elias César**. Promulgação da Lei do Ventre Livre.

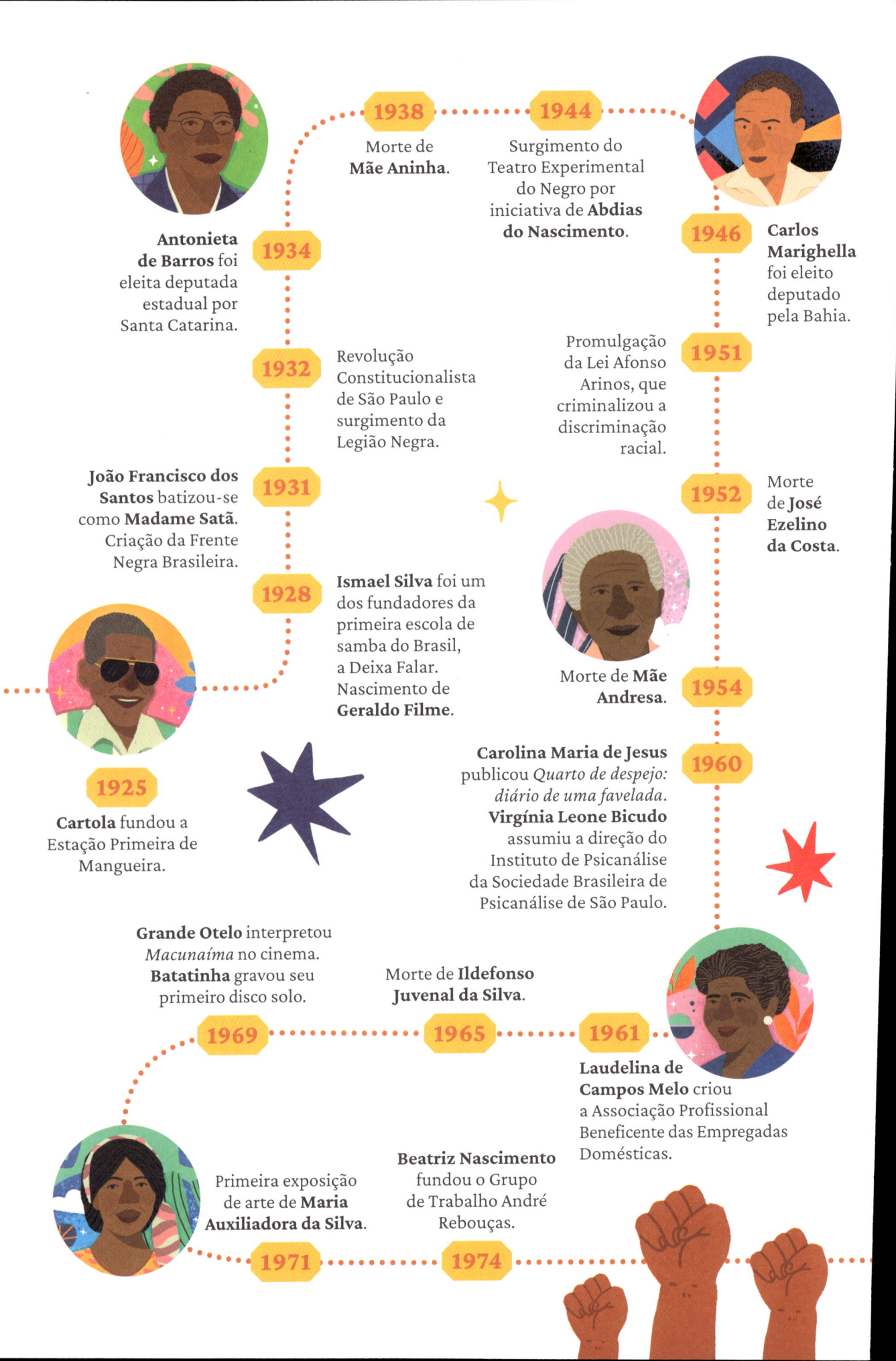

1938 Morte de **Mãe Aninha**.

1944 Surgimento do Teatro Experimental do Negro por iniciativa de **Abdias do Nascimento**.

1934 **Antonieta de Barros** foi eleita deputada estadual por Santa Catarina.

1946 **Carlos Marighella** foi eleito deputado pela Bahia.

1932 Revolução Constitucionalista de São Paulo e surgimento da Legião Negra.

1951 Promulgação da Lei Afonso Arinos, que criminalizou a discriminação racial.

1931 **João Francisco dos Santos** batizou-se como **Madame Satã**. Criação da Frente Negra Brasileira.

1952 Morte de **José Ezelino da Costa**.

1928 **Ismael Silva** foi um dos fundadores da primeira escola de samba do Brasil, a Deixa Falar. Nascimento de **Geraldo Filme**.

Morte de **Mãe Andresa**. **1954**

1960 **Carolina Maria de Jesus** publicou *Quarto de despejo: diário de uma favelada*. **Virgínia Leone Bicudo** assumiu a direção do Instituto de Psicanálise da Sociedade Brasileira de Psicanálise de São Paulo.

1925 **Cartola** fundou a Estação Primeira de Mangueira.

Grande Otelo interpretou *Macunaíma* no cinema. **Batatinha** gravou seu primeiro disco solo.

Morte de **Ildefonso Juvenal da Silva**.

1969 **1965** **1961** **Laudelina de Campos Melo** criou a Associação Profissional Beneficente das Empregadas Domésticas.

Primeira exposição de arte de **Maria Auxiliadora da Silva**.

Beatriz Nascimento fundou o Grupo de Trabalho André Rebouças.

1971 **1974**

Milton Santos conquistou o Prêmio Internacional de Geografia.

Sanção da Lei 10.639, que incluiu o estudo da história e da cultura afro-brasileiras nas escolas. Criação da Secretaria de Políticas da Promoção da Igualdade Racial.

1994

2003

Aprovação da Lei Caó, que definiu os crimes de preconceito de raça e cor.

1989

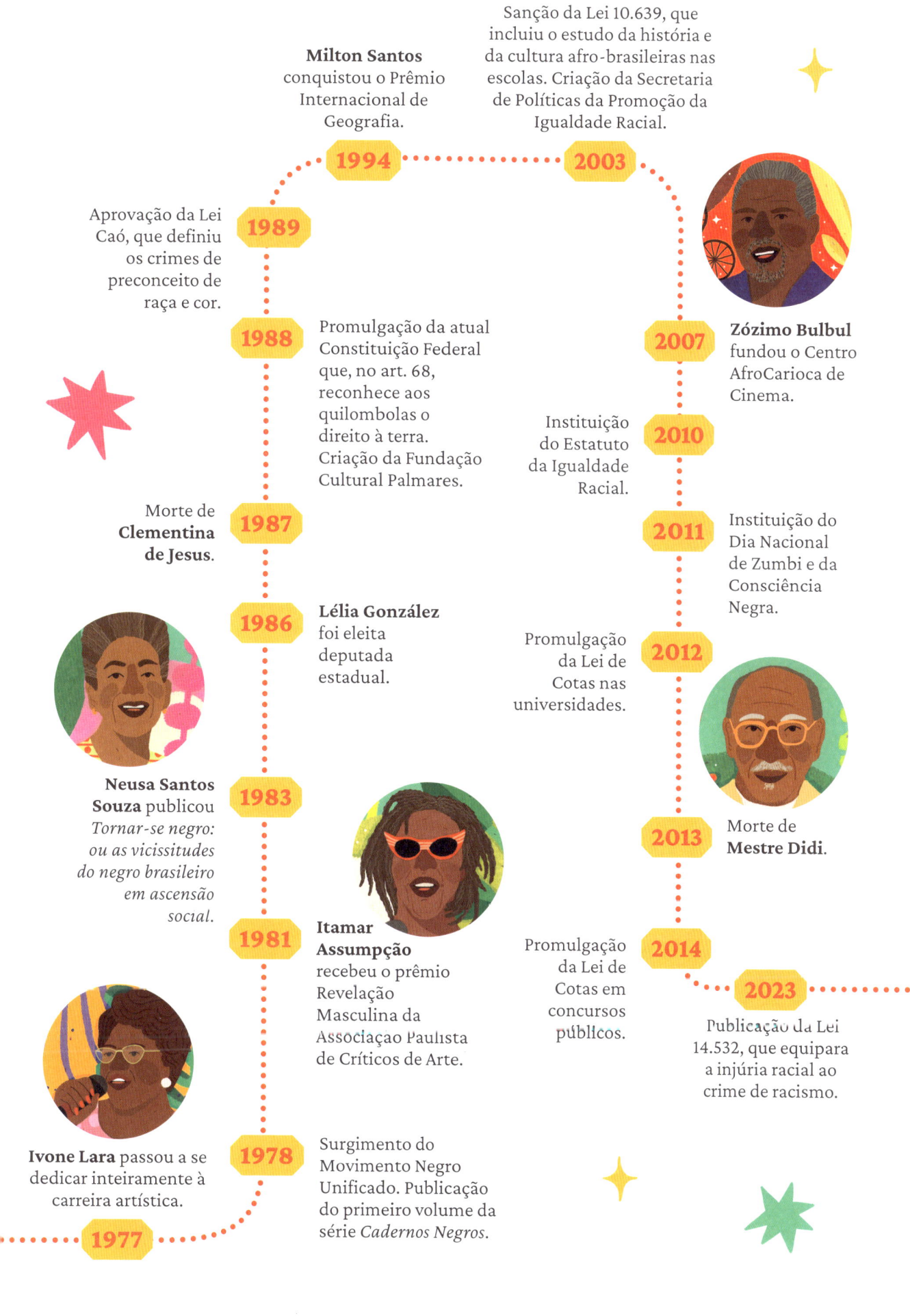

2007

Zózimo Bulbul fundou o Centro AfroCarioca de Cinema.

1988

Promulgação da atual Constituição Federal que, no art. 68, reconhece aos quilombolas o direito à terra. Criação da Fundação Cultural Palmares.

Instituição do Estatuto da Igualdade Racial.

2010

Morte de **Clementina de Jesus**.

1987

2011

Instituição do Dia Nacional de Zumbi e da Consciência Negra.

Lélia González foi eleita deputada estadual.

1986

Promulgação da Lei de Cotas nas universidades.

2012

Neusa Santos Souza publicou *Tornar-se negro: ou as vicissitudes do negro brasileiro em ascensão social.*

1983

2013

Morte de **Mestre Didi**.

Itamar Assumpção recebeu o prêmio Revelação Masculina da Associação Paulista de Críticos de Arte.

1981

Promulgação da Lei de Cotas em concursos públicos.

2014

2023

Publicação da Lei 14.532, que equipara a injúria racial ao crime de racismo.

Ivone Lara passou a se dedicar inteiramente à carreira artística.

1978

Surgimento do Movimento Negro Unificado. Publicação do primeiro volume da série *Cadernos Negros*.

1977

*Grafia atualizada segundo o Acordo Ortográfico da Língua Portuguesa de 1990,
que entrou em vigor no Brasil em 2009.*

Todos os perfis biográficos, bem como a bibliografia utilizada, foram baseados
na *Enciclopédia negra* (Companhia das Letras, 2021).

Revisão
BONIE SANTOS
RENATA LOPES DEL NERO
ANA LUIZA COUTO

Tratamento de imagem
AMÉRICO FREIRIA

Dados Internacionais de Catalogação na Publicação (CIP)
(Câmara Brasileira do Livro, SP, Brasil)

   Gomes, Flávio dos Santos
      Enciclopédia negra para jovens leitores ; Flávio dos Santos
   Gomes, Lilia Moritz Schwarcz, ilustrações de Suzane Lopes. —
   1ª ed. — São Paulo : Companhia das Letrinhas, 2025.

      ISBN 978-65-5485-075-9

      1. Negros — Brasil, Biografia — Literatura infantojuvenil
   I. Schwarcz, Lilia Moritz. II. Lopes, Suzane. III. Título.

24-229499   CDD-028.5

Índices para catálogo sistemático:
1. Brasil: Negros: Biografia: Literatura infantil 028.5
2. Brasil: Negros: Biografia: Literatura infantojuvenil 028.5

Cibele Maria Dias — Bibliotecária — CRB-8/9427

Apoio:

IBIRAPITANGA

Todos os direitos desta edição reservados à
EDITORA SCHWARCZ S.A.
Rua Bandeira Paulista, 702, cj. 32
04532-002 — São Paulo — SP — Brasil
☎ (11) 3707-3500
⬚ www.companhiadasletrinhas.com.br
⬚ www.blogdaletrinhas.com.br
🅕 /companhiadasletrinhas
🅞 @companhiadasletrinhas
▶ /CanalLetrinhaZ

A marca FSC® é a garantia de que a madeira
utilizada na fabricação do papel deste livro
provém de florestas que foram gerenciadas
de maneira ambientalmente correta, social-
mente justa e economicamente viável, além
de outras fontes de origem controlada.

Esta obra foi composta em Crimson Pro e impressa pela Gráfica
Santa Marta em ofsete sobre papel Alta Alvura da Suzano S.A.
para a Editora Schwarcz em maio de 2025